희안한 수상록

삶 1
나를 알고, 나를 키워
나답게 사는 것

삶 2
삶은 내가 있어
세상이 즐겁도록 살다 가는 것

삶 3
진정한 삶이란
도덕적 가치관 위에 자기 몫을 다하고
그 속에서 행복을 찾아 도전하고 이루어
보람을 느끼며 살아가는 일이다

희안(喜顔)한 수상록(隨想錄)

저자 김기태

아드북

책머리에

한 평생, 가족을 위해 가장으로서의 책무를 다하며 살아왔다. 때로는 헛발질도 하고, 삶의 유혹에 흔들려 스스로의 존재 가치를 잃어버린 적도 있지만, 내 앞에 놓인 삶을 책임지고자 노력하며 살아왔다.

때로는 먹고사는 일에 몰두해 내 삶을 흘려보낸 것이 우습기도 하였다. 되돌아보면 참 부질없는 일에 매달려온 건 아닌가 하는 생각도 든다. 하지만 지금 77세가 되어 돌아보니, 그 모든 날들이 결국 나를 키우고, 내 가족을 지켜온 시간이었다.

삼등(三等)으로 살지언정 삼류(三流)로 살지 말자 다짐하며 살아온 길이었다.

젊은 날 잘나가던 친구들도, 많은 월급 받는다고 자랑하던 친구들도 결국 나이 앞에서는 별반 다르지 않았다. 결국, 내 몸 건강하고 자식들 모두 자기 짝 만나 손자, 손녀 안겨주는 것이 가장 큰 행복이었다.

40세에는 자기가 맡은 분야에서 중심을 잡고 살아야 하고, 50세가 넘으면 퇴직 후 2모작을 걱정해야 했으며, 60세가 되면 자식들이 제 몫 다하며 살아주는 것만으로도 든든하고, 70세가 넘으면 하루하루 하고 싶은 일을 하며 살아가는 것이 보람이었다.

80세가 되어도 관절이 성해 걸을 수 있다면 그 또한 감사한 일이고, 90세가 되었을 때 옆에 배우자가 함께 있어준다면 그것만으로도 복이란 생각이 들 것 같다.

무엇보다 보람된 건, 인성이 바르고 제 몫 다하며 바르게 살려는 자식들이 곁에 있다는 것. "자식이 애비보다 더 낫다!"는 말을 들으면 나름 잘 살아온 인생이라고 생각되었다. 그리고 지금 이 나이에 하고 싶은 일을 하며 살아간다는 것, 그것도 결국 건강을 잘 관리하며 살아온 덕이었다.

오래 사는 것도 중요하지만, 무엇보다 값진 것은 웃음을 잃지 않고 사는 일이라고 생각한다.

희수(喜壽)를 지나 미수(米壽)로, 더 나아가 망구(望九)를 바라보며 살아갈지 모르지만 진정 중요한 건 오늘도 희안(喜顔)하게 웃는 얼굴로 살아가는 것이 진짜 행복이 아닐까 생각된다.

그런 생각이 드는 나이가 되었다.

첫사랑이 마지막 사랑이 되어 함께 해 준 아내가 고맙다.

2026년 4월 26일 희수(喜壽)에 금혼식(金婚式)을 맞으며
醒溫齋에서 온동 김기태 씀

차례

책머리에…6

가　나(我)

성온재(醒溫齋)…15
기도문…16
삶의 계획서…18
신념의 마력…22
아들에게 전하고 싶은 말…25
딸에게 전하고 싶은 말…30

나　취업 도전기

자식의 멘토가 되어…35
전공 선택…39
대학 1학년…43
군 생활…47
대학 생활…49
취업 도전…51

喜顔한 隨想錄

다 　처세론

부모의 책무…57
당신을 만난 것은 행운이었어!…60
순간의 선택이 평생을 간다…63
청부론(淸富論)…67
삶의 기준…70
쪼잔하게 키우지 마라…73
멋진 삶보다 값진 삶을…76
인간들아, 나만큼만 살아라…79
하루살이가 바라보는 노을…82
君君臣臣父父子子…86

라 　온동 생각들

민들레의 집념…91
가치관(價値觀)…95
말의 잠재력…98

차례

균형 잡힌 자세…102
자유인이 되어…106
일본인의 삶 속에는…110
트로트&엔카…115
'저 자식'이란 이름…121
전조증상…125
망경(望京) 체류기…130
화냥년보다 못한 사람들…137
부(富)의 대물림…141
의식 개혁…145
글지이…150

마 색깔 있는 사람들

꿈을 꾼 사람들…157
고스톱…159

喜顔한 隨想錄

머슴의 희망…163
결정적인 순간에…167
변신…171
돈은 생각한 것보다 많이 돌고 있다…176
은퇴 후 도전…180
노력 앞에는 운명도…184
성실함에…187
책임완수…191
작은 일에도 최선을…195
믿음을 주는 사람…199
이름을 기억해주는 사람…203
노후 삶…206
장자(莊子)의 생각은…210
징기스칸이 전하는 말…214

■ 차례

바 존경하고 싶은 사람들

충무공 이순신 장군…221

박정희 대통령…239

현대건설 정주영 회장…248

메르켈 독일총리…253

타게 엘란데르 스웨덴 총리…256

레오나르도 다빈치…259

해리 리버 맨(Harry Lieberman)…262

숭 교수…266

살아온 길…270

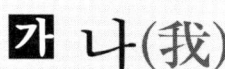 나(我)

나를 알고
나를 키워
나답게 살자,
한평생 좌우명으로 삼고 살아왔다,
즐겨 부르는 My Way 노래 가사 중 마지막 구절(句節)에
"내 방식대로 해 왔다네,
맞아, 그게 나의 인생이었어!"처럼
내 삶을, 내 방식대로 살고 싶었다.
사는 것도 재주다.
우리는 저마다의 모습으로 살아간다.
나 또한 기쁨이나 슬픔, 분노, 즐거움에 휘둘리지 않고
중심을 잡고 살아가는 것이 의미 있는 일이라 믿으며 살아왔다.

성온재(醒溫齋)

金 臺 樓 亭 礎 盤 衡
基 宇 稟 性 格 調 平
台 星 炯 光 情 誼 起
醒 溫 齋 建 生 路 程

멋진 누각(樓閣)과 정자(亭子)는
주춧돌이 균형(均衡)을 떠받치듯이
사람의 덕량(德量)과 재능(才能)
타고난 성품은 품격 있는 취향이
평형을 이루는 것이다
그대여 삼태성(三台星)의 밝은 빛이
도타운 정의(情誼)를 불러일으키노니
인생길의 여정에서
항상 따뜻하게 깨어 있는 집 지으소서.

*김기태를 머리글자로 醒溫齋를 지은 漢詩. 김승기 詩人의 헌시
한평생 가슴에 담고 술에서 깨어나 따뜻한 집을 지으려고 노력하였다.

기도문

　　망태 할아버지
　　삼신 할머니
　　바라옵건대,
　　젊은 시절에는 경쟁 사회에서 낙오되지 않으려고 몸부림치며 살았습니다.
　　때로는 가장의 책임을 다하기 위해 진흙탕에 발을 디디기도 했습니다.
　　이제는 내 삶의 주인공이 되어 결 고운 삶을 살아갈 수 있도록 인도해 주소서.
　　자식들이 성장하여 "나도 나이 들면 아버지처럼 살고 싶어."라고 말할 수 있는 삶을 살게 해 주소서.
　　서푼어치도 안 되는 시류에 자존심을 팔지 않게 하시고,
　　그로 인해 내 마음이 흔들리지 않게 잡아 주소서.
　　돈은 최소한의 예의를 지킬 수 있으면 되고
　　작은 차, 작은 집,

예전 머슴들이 먹던 소박한 음식으로 검소하게 살다 가게 하소서.
내가 하고 싶은 일에 시간 붙들고 씨름하며,
매 순간 아끼며 살다 가게 하소서.
나는 아무 문제가 없다 여겼는데, 누군가 나를 보고 '문제 있다' 한다면
그 또한 내가 미처 인식하지 못한 나의 편견에서 비롯되었을 터이니,
세상을 내 기준이 아닌 열린 눈으로 바라보게 해 주소서.
세상일에 간섭하며 꼰대처럼 살지 않게 하시고,
반대로 마땅히 참여해야 할 일에 침묵하며 존재감 없이 살지 않도록 하게 해 주소서.
손자, 손녀에게는 멋진 할아버지보다
'값진 삶을 살아가는 어른'으로 기억되게 하시고,
내가 이 세상에 있음으로
주변이 조금이라도 더 따뜻하고 즐거워지게 하소서.
살아 있음에 항상 감사하며,
매일 아침 눈을 떴을 때,
해야 할 일이 있다는 설렘으로 햇살을 맞이하게 해 주소서.
그렇게 하루하루를 보내다, 때가 되면
조상님이 잠들어 계신 상산 선영으로
조용히 돌아갈 수 있도록,
이 아침 두 손 모아 기도합니다.

일흔일곱 살, 정월 초하루 아침에
김기태 합장

삶의 계획서

 사람은 아침에 떠오르는 해를 보며 일터로 나서고, 저무는 해를 바라보며 하루를 마감한다. 해가 진 뒤에는, 보이지 않는 인간다움으로 내 주변 사람들과 소통을 하고 마음을 나누며 하루를 마무리한다. 이렇게 쌓인 하루하루가 모여 한 달이 가고, 일 년이 되고, 그렇게 세월이 흘러가면 결국 내 삶의 위치가 드러난다.
 하지만, 우리는 '어떻게 살아야 하는지'에 대해 배운 적은 없다. 가진 것이 많거나 적거나, 학식이 높거나 낮다고 해서 삶의 질이 달라지는 것은 아니었다. 부모로부터 많은 것을 물려받은 이가 반드시 행복한 것도 아니고 학벌이나 지위가 인생의 성공을 담보해주지도 않는다. 오히려 배움 없이도 삶을 개척하며 자신만의 방식으로 의미 있게 살아가는 사람들도 많았다.
 그렇다면, 이 차이는 어디에서 오는 것일까? 단지 운명이나 숙명으로 받아들여야 하는 걸까? 사실 그것은 '앞날이 보이지 않기 때문에 불안하고 삶이 흔들리기 때문이었다. 하지만 그 질문에 대한 해답은 의외로 단순하다. 바로 '계획'이다.

목표를 정하고 이것을 이루기 위해 계획을 수립하고 사는 것은 중요한 일이다. 삶의 계획을 수립하고 실천하다 보면 앞이 보이고 준비를 하며 모자란 것은 보충하며 걸어갈 수가 있다. 자신의 자질과 재주 그리고 시대의 흐름에 맞는 업종을 고를 수 있는 안목, 그리고 완벽한 삶의 계획 속에 자기만의 색깔로 꾸준히 도전하며 성실하게 살아가는 자세가 중요하다.

물론 정답은 없다. 하지만 삶을 가장 효율적으로 관리할 수 있는 주체는 누구도 아닌 바로 '나' 자신이라는 사실만큼은 분명하다.

건설 현장을 떠올려 보자. 공사를 시작하면 제일 먼저 하는 일이 작업 계획부터 수립한다. 목표 공사기간 안에 완공하기 위해 인원과 자재, 장비를 효율적으로 배치하고, 전체 일정표를 모든 직원이 볼 수 있는 자리에 게시해 관리한다. 각자는 전체 공정에 맞춰 자신의 역할에 맞는 세부공정을 계획하고, 상황에 따라 유연하게 조정해 나간다. 하지만 현실은 계획대로만 흘러가지 않는다.

비가 오기도 하고, 작업인원이 부족하거나 자재가 늦게 도착하기도 한다. 민원이 발생하고, 설계가 현실과 맞지 않아 변경이 불가피해지기도 한다. 예산 문제는 언제나 발목을 잡는다. 이런 변수들 속에서도 끊임없이 조정하고 다시 계획을 짜며 마침내 준공이라는 목표에 도달하게 된다.

이처럼 나는 30년간 현장에서 수많은 '공정표'를 수정하며 일해 왔다. 그런데, 정작 내 인생의 여정표는 따로 마련해 본 적이 없다. 그 사실이 아쉬웠다. 그래서 1985년부터 나의 잔여 삶에 대한 '삶의 여정표'를 작성하기 시작했다. 외환위기 시절엔 다소 수정이 불가피했지만, 지금까지는 계획한 대로 잘 살아왔다고 생각한다.

나는 인생을 네 단계로 나누어 보았다.

1단계는 태어나서 25세까지.

주로 부모의 품 안에서 보호받으며 자라는 시기로 앞으로의 삶을 준비하는 기간이었다.

2단계는 결혼을 하고 가정 이루는 시기.

돈과 명예, 그리고 가족의 생계를 책임지는 가장으로서의 역할에 집중해야 할 시기로 50세까지를 이 단계로 설정했다.

3단계는 자녀들이 대학을 마치고 가정이 안정을 찾는 시기다.

이제는 생계보다 내가 좋아하는 것에 집중하며, 인생의 보람을 찾고 싶은 시기다. 나는 이 시기를 75세까지로 잡았다. 대부분의 사회적, 경제적 활동도 여기까지가 아닐까 생각했다.

마지막 4단계는 여생을 정리하며 마무리하는 시간이다.

나는 이 시기를 '귀천을 준비하는 정리 기간'으로 보고, 전체 인생을 82년 6개월로 계획하였다. 하지만 인생이란 것이 어디 계획대로 되던가.

마무리 시점에 '쫑파티'가 빠져 있다는 걸 깨닫고 내가 평생 배워온 것들을 한 번쯤은 세상에 펼쳐 보여 주고 싶다는 마음이 들었다. 그래서 '77세에 7가지 展'을 열겠다는 목표를 세우고, 내 삶의 계획을 수정하였다. 예정된 여생을 3년 3개월 연장하기로 한 것이다.

이처럼 나는 인생 여정표를 세우고, 세부 실천 계획을 통해 하루하루를 조율하며 살아가려 한다. 물론 인생이 언제나 계획대로만 흘러가는 것은 아니다. 신문이나 방송 예고처럼, "이 프로그램은 방송사 사정에 따라 변경될 수 있습니다."라는 문구처럼, 내 삶도 나와 주변의 사정에 따라 언제든지 달라질 수 있다.

　하지만 나는 인디언의 속담도 믿는다. "어떤 말을 만 번 이상 되풀이하면 반드시 그 일이 이루어진다."고.

　계획을 세운다고 해서 모두 이루어지는 것은 아니지만, 계획 없는 삶보다는 훨씬 더 의미 있고 가치 있는 하루를 살 수 있다고 믿는다.

　이제부터는 남은 인생에 대한 계획을 더욱 구체적으로 세워야겠다.

　2026년 4월 26일, 희수(77세)를 맞아 '77세에 7가지 展'을 열며 내 삶을 마무리하고자 한다. 정해진 시간이 돌아왔을 때, 내 몸이 허락한다면 그때 다시 계획을 수정하면 되는 일이다.

　나는 끝나는 그날까지, 85년 9개월을 '현역'으로 살고 싶다.

신념의 마력

'신념의 마력'은 영국의 심리학자이며 의사였던 크라우드 브리스톨이 지은 책명(册名)이다.

내가 68년도 대학에 입학했을 때 구입하여 손 가까이 두고 읽고 또 읽었던 책인데 사람에게는 염력이 있어 생각한 대로 이루어진다는 내용이었다. 우리 조상들에게도 그런 혜안이 있어 우리의 지명에서도 볼 수가 있다. 전국의 지명을 관찰하다보면 신기한 것을 발견할 수 있다.

염력 때문인지 아니면 그렇게 될 것을 미리 알고 예언한 것인지 모르지만 지명 따라 개발과 발전이 이루어진다는 점이다. 전국 지명(地名) 중에서 신흥리(新興里)가 개발이 잘 이루어지고 있었다. 마치 가수는 자기가 부른 노래처럼 삶도 따라 간다는 속설처럼 말이다.

중원 땅 청주에 가면 넓은 평야지대가 있고 청주비행장이 있다. 그곳에 비상리(飛上里)와 비하리(飛下里)가 있다. 지금은 청주비행장 활주로로 사용이 되고 있다. 여러 설이 있지만 비행기가 없던 시절에 예사롭지 않은 이름이다.

다른 나라에도 이런 지명에 대한 숨은 이야기가 있는지 모르지만 우리나라 지명에 유독 많다는 것을 느끼며 관심을 가지게 된다.

그래서 우리 이름도 중요한 것인가 보다. 세상은 믿는 대로 돌아가고 있으니 말이다. '신념의 마력'이 잘 전해진 이야기를 소개하고자 한다.

2차 대전에 참전 해군전투기 조종사로 활약했던 해군 장교가 암에 걸려 군대를 의가사로 제대하게 되었다. 그는 네 번이나 암 수술을 받았지만 의사는 최후 통첩을 하였다.

"당신은 앞으로 3개월밖에 살 수 없습니다."

그는 마지막 남은 90일이라는 값진 시간을 결코 헛되이 보내고 싶지 않았다.

지난 날을 되돌아보니 그는 미 해군사관학교 졸업생으로 군인으로서 최선을 다했던 그때만큼 열정적으로 살았던 적이 없다는 것을 깨달았고, 얼마 남지 않은 마지막 생을 헛되이 보내고 싶지 않았다. 그래서 다시 현역 군인으로 복무하게 해 달라고 청원을 했다.

암 때문에 의가사 전역을 당한 그를 군에서는 받아주지 않았다. 그는 국회의원들을 찾아 특별법을 만들어 달라고 요청하였으나 받아들이지 않았고, 결국 청원서류는 대통령에게까지 가게 되었으며 33대 대통령 트루먼은 그가 다시 해군 장교로 복무하는데 동의하였다.

그는 군에 복귀하자 예전보다 더 의욕적으로 일에 몰두했고, 몸을 아껴도 얼마 살지 못할 것이라고 생각해 사병의 일까지 자진해서 맡아 해냈다. 그렇게 90일이 지났다. 하지만 그는 죽지 않았다. 6개월이 지나도 그는 죽지 않았다.

그는 늘 '숨이 붙어 있는 한 내가 맡은 일을 완수한다.'고 다짐하며 동료나 부하의 만류를 뿌리치고 해야 할 임무에만 매진하였다.

3년이 지나도 그는 무사했다. 오히려 암의 중세가 점점 사라지고 있었다. 의사와 주변 사람들은 모두 놀라움을 금치 못하며 기적이라고 입을 모았다.

이 장교는 1968년 월남전에 상륙전단을 지휘하고 무적함대로 세계에 용맹을 떨친 미 해군 제7함대 사령관 '로젠버그'다. 만일 로젠버그가 3개월밖에 살 수 없다는 선고를 받았을 때 좌절했더라면, 그런 결과를 낳을 수 있었을까? 죽음마저도 물리친 로젠버그의 비결은 특효약이나 기적이 아니었다.

다름 아닌 '신념의 마력'이 그런 위대한 결과를 가져온 것이다. 이처럼 한 인간의 신념은 죽음보다도 강하며, 자신의 운명을 바꿔 놓기도 한다.

말년에 '내가 뭘 해?' 하지 말고 좋아하는 일에 빠져 시간을 몽땅 투자해 보라. 이왕 언젠가는 죽는 몸인데 아낄 것도 없다. 삼식이로 눌러 앉지 말고 기호식품에 빠져 술잔 위에 세상을 올려놓고 방황하지 말고 손자 손녀가 좋아 하는 할아버지로 살아 보지 않겠는가?

모든 일은 재능보다 도전이 우선이었다.

아들에게 전하고 싶은 말

가. 일반 편

01) 자기 몫을 다하라.
자기 몫을 다하지 못하고 대우받는 사람은 세상에 없다.
02) 해야 할 일과, 해서는 안 되는 일을 구분하여 행동하라.
이것이 개개인이 가지고 있는 가치관이며 능력이다.
03) 아군인지 적군인지 알고서 사람을 사귀어라.
분간 못하고 떠들면 항상 뒤통수를 맞고 재앙이 따른다.
04) 말을 해서 득이 안 된다고 판단할 때는 말을 아껴라.
판단하기 어려운 일일수록 입을 꼭 다물어라,
05) 표정관리는 밝게 하고, 긍정적으로 사물을 보라.
...때문에 안 된다고 말하지 마라. ..에도 불구하고 된다고 생각하라. 된다고 생각해도 어려운데, 안 된다고 생각하면 정말 안 된다. 그래서 세상은 마음먹기 나름이다.
06) 문제가 발생할 때는 왜? 원인을 분석하고 어떻게 해야 되는지를 생각

하라.

문제점이 있는 곳에 해결책이 있다. 왜 안 되는데? 어떻게 하면 되는데?

07) 자기 색깔을 가져라.

모든 일에 차별화된 색깔 있는 부분을 개발하여 몸에 익혀라.

성공한 사람은 남에게 긍정적으로 보이는 색깔 있는 사람이었다.

08) 체력을 길러라. 큰일을 하기 위해서는 고생은 필수적이다.

일을 취미로 하려면 거기에 받쳐주는 건강이 있어야 한다.

09) 배우자는 나를 편하게 해줄 수 있는 사람을 선택하라.

눈앞에 보이는 조건만 보지 말고, 50년 동안 마음 편하게 함께 살 수 있는 사람을 골라라.

10) 내가 살아가야 할 삶에 목적을 정하고 돌진하라.

내가 살아갈 여정표를 작성하여 보라. 그리고 확인도 해라. 그래야 계획된 삶을 살아 갈 수 있다.

나. 직장

01) 직장을 구할 때는 현재 눈에 보이는 큰 회사를 택하기보다, 회사는 작더라도 내실이 있고, 사장의 회사 운영이 건실하고 종업원의 근무의욕이 높아 발전 가능성이 큰 회사를 선택하라.

중요한 것은 20년 후 회사가 얼마나 성장할 수 있는가 하는 것이다.

02) 회사를 선택할 때는 자기가 전공한 부분이 근간을 이루고 있는 회사를 선택하라.

그래야 내가 성장할 수 있는 자리가 많다.

03) 전력투구하여 일을 하라.
일을 고스톱 치듯이 하라, 그러면 어렵지도 지루하지도 않다.

04) 상사의 지시사항이 같은 일로 두 번 이상 지시하지 않도록 노력하라.
면전에서 안 된다고 말하지 마라. 의문이 생기면 대안을 가지고 조용히 상급자를 찾아라.

05) 업무처리는 한 직급 위 입장에서 생각하고, 판단하고, 행동하는 것을 습관화해라.
경륜도 중요한 것이다. 더 많이 알면 좋겠지만 능력에 한계가 있는 법이니 한 직급 위 입장에서 문제점만 봐도 유능한 사람이 될 수 있다. 업무처리도 물론 빨리 처리해야 한다.

06) 누구 사람이라는 평을 듣지 말라. 술 많이 먹는다는 소리도 듣지 마라. 그리고 부정한 돈과 타협하지도 마라.
패거리에 휩쓸리면 직장 생활하는데 장애 요인이 된다.

07) 대중적인 사람이 되라. 그러나 담당 업무는 최고의 전문가가 되어라.
상식에 밝고, 일반인이 관심을 가지는 부분에 부분적으로 집중적인 전문가가 되어라.(예;스포츠, 음악, 미술, 사주관상, 풍수지리 중에서)

08) 사보나 대중매체를 통해 자기를 알려라.
자기의 장기나 주특기가 있으면 최대한 활용하라.

09) 능률적인 업무처리를 하기 위해 건강은 철저히 관리하라.
음주 후 또는 건강으로 인해 지각이나 결근을 하면 아무리 능력 있는 사람도 출세할 수 없다.

10) 혼자 있는 시간을 잘 관리하라.

노력과 자기개발 없이는 생존경쟁에서 살아남을 수 없다.

다. 사업

01) 부지런 하라.
아침에 일찍 일어나는 새가 먹이를 많이 물어온다.

02) 직장에 유연성을 길러라.
의심 가는 사람은 직원으로 채용하지 말고, 직원으로 채용하면 의심하지 말라. 조직은 믿음에서 발전이 오고 유연성에서 힘이 길러진다. 결국 돈은 직원이 벌어주는 것이다.

03) 직원들의 보수와 상벌과 진급은 공정하게 지켜라.
직원들의 보수는 정확하게 정하고 시행하라. 회사는 일하지 않으면 안 되는 분위기로 만들고 일하고 나서 보람을 느끼도록 해라. 보수는 돈만이 있는 것도 아니다. 그러나 나머지 부분은 최대한 절약하라. 진급도 공정해야 한다.

04) 사장은 직원들에게 항상 희망의 대상이 되어라
직원들에게 회사에서 꼭 필요한 사람이라는 자존심을 심어 주고, 그리고 사장은 비전이 있는 특별한 사람으로 직원에게 각인시켜 믿음을 주라.

05) 거래처 사람들에게 신용은 꼭 지켜라.
큰 손해가 온다 해도 약속은 지켜라. 그러나 현명한 사람은 자기가 죽을 약속은 하지 않는다.

06) 모든 결정은 회사 이익을 첫째로 결정을 하라.
돈이 인생의 전부가 아니라고 하지만 사업에서는 돈이 삶의 전부다. 원숭이는 나무에서 떨어져도 원숭이지만, 사람은 사업에 실패하면 사람도 아니다.

07) 중요한 결정은 몸에 컨디션이 정상일 때 결정하라.

결정은 여론이나 기분에 의해 정하지 말고, 숫자나 통계에 의해 검토한 후 결정하라. 그리고 의사 결정이 정해질 때까지는 충분히 검토해야 하지만 결정이 되면 과감하게 추진하라

08) 표정관리를 잘하라.

아무리 힘들어도 힘든 것을 직원에게 보이지 마라. 그리고 화나는 일이 있어도 손님을 만날 때 나쁜 기분을 연계하여 만나지 마라. 때로는 카멜레온처럼 표정관리를 해야 한다.

09) 시류에 역행하는 사업에 손을 대지 말라.

아무리 좋은 아이템이라도 사회의 경제흐름에 역행하는 사업은 피하라. 그리고 아이디어 × N = 대량생산. 이것이 돈을 번다.

10) 이익의 일정액은 회사 발전분야에 재 투자하라.

우리나라 기업의 평균 수명은 20년이 못 된다. 안주하면 망한다.

딸에게 전하고 싶은 말

01) 남녀평등을 억지로 강요하지 마라.

살다 보면 여성이 우월한 위치에 서 있는 시간이 많다. 나이 오십이 넘어 아내의 경제권에서 자유로운 남편은 드물다.

02) 남편의 권위를 세워주어야 자녀 교육이 바로 선다.

혈통이 있는 종가에는 지켜야 할 가문의 규범이 있다. '인기 있는 아버지'보다 '존경받는 아버지'로 남을 수 있도록, 그의 자리를 지켜주는 것이 아내의 큰 역할이다.

03) 남편이 가정을 지탱해야 한다면, 아내는 가문을 일으켜야 한다.

자식을 훌륭히 키운 어머니는 지식 많은 사람이 아니라, 지혜로운 어머니였다. 부모가 모범적인 삶을 살아가는 모습은 자녀에게 최고의 교육이 된다.

04) 시댁과 친정을 균형 있게 섬겨라.

남편이 잘못하면 한 집안이 무너질 수 있지만, 아내가 잘못하면 두 집안 모두에 금이 간다. 올케가 친정을 잘 모시길 바란다면, 그 기대만큼 시부모님께도 공경하라.

05) 남편의 단순한 의리에 브레이크를 걸어야 할 때도 있지만, 곤경에 처했을 땐 온 가족이 힘이 되어라.

어려움 속에서도 아내의 용기는 절대적인 힘이 된다. 함께 포장마차를 해도 좋다는 각오가 있다면, 세상에 두려울 것이 없다.

06) 결혼 전에는 종교를 갖지 말고, 결혼 후에 가족이 함께 할 종교를 선택하라.

'우리'라는 개념의 종교가 아니면 가문과 가정의 화목이 갈라질 수 있다. 가족 안에서 서로 다른 종교를 가지는 것은 결국 불행을 만든다.

07) 남편을 다른 사람과 비교하지 마라.

남편은 백마 탄 기사가 아니다. 생활필수품도 아니다. 단지 함께 인생을 걸어갈 소중한 동반자일 뿐이다. 언제나 신혼 초의 그 마음으로 대하라.

08) 집을 정할 때는 지형을 고려하고, 남편이 운전할 땐, 옆에서 밝게 말을 걸어라.

비탈진 산 밑이나 큰 하천 옆, 반 지하 같은 곳은 피하라. 한순간의 선택이 가족 모두의 운명을 바꿀 수 있다.

09) 가정의 외형적 조건과 물질적 기준을 스스로 정하고, 검소하게 살아라.

우리는 없어서 불행한 게 아니라, 남과 비교해서 적다고 느끼기 때문에 불행해진다. 생각해 보면, 지금 우리 팔자는 옛날 임금님보다 낫다.

10) 결혼으로 잃어버린 이름을 찾아라.

딸아, 너만의 길을 찾아가길 바라며, 이 아빠의 작은 조언이 네 인생 여정에 도움이 되기를 빈다.

나 취업 도전기

자식의 장래에 대한 결정은 누구에게나 쉽지 않은 일이다.
아이의 적성을 파악해야 하고,
급변하는 사회 흐름도 읽어야 하며,
공부 실력 또한 고려해야 하기 때문이다.
공부는 노력만으로 되는 것이 아니다.
능력이 뒷받침되지 않으면 사교육비만 늘어나
부모의 노후 생활에도 큰 차질을 줄 수 있다.
한국의 진학 제도는 세계에서 가장 복잡하다.
교육 정책은 자주 바뀌고 사회도 불안정하며,
가정의 사정까지 고려해야 하니 부모도, 아이도 늘 어렵다.
그럴수록 부모의 경험이 아이에게 든든한 등불이 된다.
부모가 걸어 온 길을 통해 아이에게 도움을 줄 수 있다면 얼마나 좋을까.
부모의 마음일 것 같다.

자식의 멘토가 되어

살다 보면 문득 이런 생각이 들 때가 있다.
'내 삶을 인도해 줄 누군가가 곁에 있었다면, 얼마나 힘이 되었을까.'
어릴 적 힘들었던 순간마다 마음을 터놓고 상담할 사람이 곁에 있었다면, 내 인생은 조금 덜 외롭고 조금은 더 따뜻했을지도 모르겠다.
나는 세 살 무렵, 아버지가 돌아가셨다. 6·25전쟁에 참전하셨던 아버지는 종전을 20여 일 앞두고 전사하셨고, 나는 어린 시절부터 홀로 살아남는 법을 익혀야 했다.
삶의 길잡이가 되어 줄 사람을 우리는 스승, 사부, 멘토라 부른다. 나 역시 살아오며 그런 분을 만나고 싶었지만, 현실은 그렇게 녹록지 않았다. 세상을 보는 안목을 지닌 사람을 만난다는 건 언제나 어려운 일이었다.
예전에는 '10년이면 강산도 변한다.'고 했지만, 지금은 하루가 다르게 세상이 달라진다. 몸과 마음이 이 변화를 따라가기조차 벅차다.

직업의 세계도 빠르게 변했다.

50여 년 전만 해도 토목과를 전공한 청년은 사윗감 1순위였다. 중동 건설 붐이 일면서 한 해만 다녀와도 서울에 집 한 채를 마련할 수 있었으니 말이다. 그러나 지금은 토목기술자가 결혼 시장에서 기피 대상이 되었다. 고소득이 가능한 직업이 다양해졌고 일의 강도나 사회적 인식도 달라졌기 때문이다.

한때 사법고시를 패스하면 온 동네에 현수막이 걸렸지만, 로스쿨 제도 도입 이후 법조인은 오히려 넘쳐나고, 직업을 유지하기가 쉽지 않다는 말까지 나온다. 고수익을 보장받는 로펌도 있지만, 그건 일부의 이야기다.

의대생들이 정부 정책에 민감하게 반응하는 이유도, 어쩌면 법조계를 지켜보며 자신들의 미래가 불안해졌기 때문일지도 모르겠다. 물론 국가가 수요와 공급을 조율하고 미래를 준비해야겠지만, 기득권을 지켜야 한다는 불안감이 사회 전반을 예민하게 만드는 건 아닐까.

여기에 인공지능(AI)의 등장은 우리 삶을 근본부터 뒤흔든다. 편리함보다 두려움이 앞서는 이유다. 바둑 천재 이세돌 9단이 AI와 대국한 후 받은 충격으로 바둑을 접었다는 소식은 많은 이들에게 깊은 인상을 남겼다.

이제는 법조계, 예능계, 문학계, 심지어 고난이도의 외과 수술 분야까지 기계가 사람의 자리를 대신할 수 있다는 현실 앞에 모두가 불안해하고 있다.

로봇이 운영하는 식당도 등장했다. 고임금 인건비를 대체하려는 흐름은 점차 산업 전반으로 확산될 것이다. 이는 단순한 변화가 아니라 사회 구조의 대변혁이다. 이러한 시대에, 부모는 자식에게 어떤 조언을 해줄 수 있을까? 미래가 불확실한 만큼 부모로서의 역할은 점점 더 무겁고 어렵게 다가온다.

우리는 부모다. 험한 세상에 첫발을 내딛는 자식들에게, 조금이라도 더 나은 방향을 제시해야 할 책임이 있다. 그래서 이제, 나의 경험을 총동원하여 '어떤 길이 현명한 길인지', '지금 무엇을 준비해야 하는지' 깊이 고민해야 할 시점이 온 것이다.

직업 선호도는 바뀌고 있다. 인구가 줄어드니 일자리가 줄어드는 분야도 있고, 산업이 발전하면서 새롭게 생겨나는 직업군도 있다. 기업의 수명은 더 짧아지고 있다.

우리나라 기업의 평균 수명이 20년, 일본은 12년이라고 하지만 이조차도 과거의 통계다. 앞으로는 더 짧아질 것이다.

'평생직장'이라는 개념은 이미 사라졌다. 가치관도 바뀌고 있다. 돈이 전부였던 시대를 지나, 이제는 '가치 중심의 삶'을 추구하는 흐름도 커지고 있다.

이런 현실에서, 자식의 진로를 어떻게 지도할 것인가?

우리 부모 세대는 급변하는 시대의 흐름에 다소 둔감할 수 있다. 하지만 지금의 상황만 보는 것이 아니라 30년 후를 함께 상상해 주어야 한다. 현재의 선택이 미래에 어떤 결과로 이어질지를 함께 고민해야 한다. 첨단산업 쪽은 보수도 전망도 좋지만, 끊임없는 경쟁 속에 살아가야 한다. 반면, 복지나 봉사 분야는 비교적 안정적이고, 수입은 적지만 삶의 균형을 지킬 수 있는 직업군이다.

'저녁이 있는 삶'이 가능한 길이기도 하다.

우리는 미래를 정확히 예측할 수 없다. 그러나 지금의 기준으로만 판단하지 말고, 미래를 향해 가까워지는 선택을 도울 수 있다면 그것이 부모로서의 멘토 역할이 아닐까.

자식이 어떤 소질을 가졌는지, 시대의 흐름이 어디로 향하고 있는지 계속 관찰하고 고민하며 함께 가야 할 길이다.

전공 선택

우리 부모는 자식과 얼마나 깊은 대화를 나누고 있을까? 그리고 그들의 생각과 재능을 얼마나 알고 있을까? 앞으로 펼쳐질 사회의 변화를 생각하면 그 답은 그리 낙관적이지 않다.

대부분의 아빠는 자신이 돈을 벌어 아내에게 월급으로 전해 주고, 아내는 그 돈으로 생계를 책임지고 아이들을 학교에 보내고 과외까지 시키면 부모로서의 책무를 다했다고 여긴다. 학교에서 보내오는 성적표를 보고 간섭하는 것으로 부모의 역할을 다했다고 생각하기도 한다.

내가 아들을 키울 때도 그랬다. 그 시절, 나는 지방의 건설현장에 있었다. 한 달에 겨우 두 번 집에 오던 아버지였다. 집에 올 때는 새벽에 아들을 깨워 유성온천에 함께 가고, 좋아하는 해장국으로 아침을 먹은 뒤 학교까지 데려다주는 3시간이 고작이었다. 그 시간이 아들과 유일하게 대화를 나눌 수 있는 소중한 시간이었다. 짧지만 그 속에서 아들의 학교생활과 고민, 생각을 들으며 스트레스를 조금이나마 풀어줬던 것 같다.

회사에 입사한 신입사원을 보면, 때때로 한심한 생각이 드는 경우가 있다. 그들 중 서울 강남 출신에 유학까지 다녀 온 부모의 외동으로 태어나 좋은 학교를 졸업하고 입사했지만, 스스로 결정하고 해결하는 능력이 부족했던 것이다.

학교에서는 '얼마나 아는가'로 서열이 결정되지만, 사회는 '무엇을 할 수 있는가'로 평가하기 때문이다.

독일에서는 중학교를 졸업할 때 담임선생이 진로를 정해주는 문화가 있다고 한다.

학생이 앞으로 '머리로 살 것인지, 몸으로 살 것인지'를 구체적으로 안내해주고, 학부모들은 그 결정에 이견을 제기하지 않는다고 한다.

고등학교에 진학하면서 길이 갈리며, 기술계열로 들어간 학생은 이미 취업할 회사까지 정해져 있다. 그 회사에서 장학금을 지원받고, 방학이면 회사에 나가 실습하며 기업 문화를 익힌다. 그리고 충분히 만족스러운 보수도 보장받는다.

하지만 우리나라에서는 아직 이런 모습을 보기 어렵다. 능력이 부족해도 모두가 대학에 진학하려 하고, 대학에 들어가는 것도, 졸업하는 것도 너무 쉬워졌다. 결국 형식적으로 대학을 마치고 취업을 하더라도 '머리로 사는 삶'에 한계를 느끼고 그렇다고 '몸으로 사는 삶'을 선택하기엔 이미 단련되지 않은 몸이 따라주지 않는다. 게다가 사회는 여전히 학력 중심이다.

대졸과 고졸 간의 임금 격차는 크고, 능력을 우선시하는 분위기도 아직 미흡하다. 이 문제들이 개선되기를 바라지만, 지금으로서는 쉽지 않아 보인다.

나라별 기업문화도 다르다.

유럽은 '과정(know-how)'을 중시하고,
일본은 '원인(know-why)'을 중요하게 여긴다.
하지만 우리는 '무엇을 아는가(know-what)'에 머무른다.
이 때문에 발전의 한계를 느끼는 건 아닐까 싶다. 현실은 빠르게 변하고 있다.

급여도 중요하지만, 직업에 대한 만족도 역시 중요한 요소다. 경쟁이 치열한 일류 기업에선 뛰어난 인재들이 몰려들어 과도한 경쟁을 하다 과로로 쓰러지는 경우도 있고, 이직률 또한 높다. 정부는 이런 환경을 개선해 국민들이 '행복한 노동'을 할 수 있도록 길을 안내해야 할 것이다.

나는 아들에게 이렇게 말한 적이 있다.

"일류 기업은 피하라."

세상에 일은 적게 하고 돈을 많이 주는 곳은 없다. 월급보다 최소 10배 이상의 이익을 회사에 안겨줘야 살아남는다.

결국, 마흔이 되기도 전에 머리가 백발이 된다. 건강을 잃고 세상을 얻어 봐야 무슨 의미가 있겠는가. 살아가는 방법은 생각보다 다양하고, 정답은 한 가지가 아니다.

몸으로 사는 것이 불행한 것도 아니고, 머리로 사는 것이 모두를 행복하게 만들지도 않는다. 도시에 살며 고액 연봉을 받아 우아하게 보이는 삶도 실상은 피곤하고 공허할 수 있다. 그에 비해, 지금 우리 사회에서 많은 사람에게 영감을 주는 인물은 민족의 영웅 이순신 장군과 동급으로 격상한 백종원 요리사다.

아이들이 무엇을 잘하는지, 어떤 것에 재능이 있는지를 잘 살펴보는 것이 사교육보다 먼저인 것이다. 그 장점을 찾아주고, 그 길로 유도해주는 것이 부모의 진짜 역할이 아닐까?

지금의 기준으로 전공을 선택했다가 몇 년 후 사양 업종이 되면 감당하기 어려울 수 있다. 그렇기에 부모가 조금 더 일찍 세상의 흐름을 깨닫고, 먼저 생각하고 방향을 제시할 수 있다면 그것이야말로 자식을 위한 최고의 선물이 될 것이다.

우리는 아직도 '돈'을 평가 기준의 중심에 두고 있지만, 아이들이 살아갈 다음 세대는 아마도 '가치'와 '행복'이 기준이 되는 시대일지도 모른다.

행복의 기준은 사람마다 다르다. 하지만 결국 그것은 '바라는 것'과 '가진 것' 사이의 차이에서 생기는 감정일 뿐이다.

우리 세대의 가치관을 자녀에게 그대로 물려주려 하기보다, 그들의 시대에 맞는 시선을 가질 수 있도록 지금부터라도 부모의 마음을 조금씩 열어야 하지 않을까 생각하게 된다.

대학 1학년

우리나라처럼 고등학교 시절을 공부하는데 치열하게 보내는 나라도 드물 것이다.

밤을 낮 삼아 공부하고 대학 입시를 위해 모든 것을 걸지만, 정작 대학에 들어간 이후에는 학구열이 점점 식어간다. 이상한 대학 교육의 구조 속에서 많은 학생들이 졸업 후 사회에 나와도 '준비된 인재'로 인정받기 어려운 것이 현실이다.

신입사원이 조직에 적응하려면 평균 2년이 걸린다고 한다. 이로 인해 기업은 점점 경력자 채용을 선호하게 되었고, 대학생들의 희망 직장은 점점 더 멀어지고 있다.

그렇다면 문제는 어디에 있을까? 사회가 요구하는 인재와 교육 시스템이 따로 노는 건 아닐까?

국가는 거시적인 관점에서 이 문제를 바로잡아야 하지만, 지금은 겉보기에만 집착하며 막대한 돈을 들여 무기력한 청년만 양산하고 있는 건 아닌지 우려스럽다.

올림픽에서 금메달을 따기 위해서는 한 종목에 재능 있는 선수를 선별해, 기술적으로 체계적인 훈련을 반복해야 한다. 하지만 우리는 유능한 선수를 키우는 것이 아니고 다양한 운동을 두루 잘해야 하는 '체육교사'를 키우는 방식으로 교육하고 있다.

우리의 교육은 평균적인 사람을 길러낸다. 말하자면, 대물을 기대할 수 없는 구조인 것이다. 사회의 인재 수요와 교육의 방향이 어긋나 있기 때문에 대학생들도 졸업 후 자신의 진로를 두고 방황하게 된다.

그래서 나는 아들에게 말했다.

"1학년 때는 성적보다 경험을 많이 쌓아봐라."

아들은 봉사 동아리에 가입해 활동했고, 아르바이트를 하며 사회의 다양한 면을 체험했다. 특히 방학 중에는 스스로 가장 어렵고 험한 업종을 찾아 '극한 알바'에 도전하게 했다.

나는 아들에게 약속했다.

"계획한 대로 무사히 마치고 오면, 알바비의 두 배를 더 얹어줄게."

이 작전은 꽤 효과적이었다.

단순히 돈을 벌기 위한 알바가 아니라, 육체노동자의 삶을 느끼고 생각해보는 기회가 되길 바랐고 그 경험을 기록으로 남기도록 했다.

한 달간 그는 화성의 도계장에서 일했다. 나도 대학 시절 병아리 부화장에서 아르바이트를 해 본 적이 있었기에, 그곳이 얼마나 비위 약한 이에게 힘든 곳인지 알고 있었다.

때로는 야간작업도 했고, 야간 수당은 주간의 1.5배였기에 체력이 받쳐주면 욕심도 생기는 곳이었다. 이 경험은 단순한 노동이 아니었다. 한국 사회에서만 볼 수 있는 '돈내기'의 현실을 체험하고, 이론만 말하는 운동권 청년들과는 또 다른 현실적 감각을 체득하게 한 소중한 시간이었다.

아들이 알바를 마치고 돌아온 날, 그가 도계장 경리부에 보낸 작업 명세서를 나는 지금도 자랑스럽게 간직하고 있다.

할머니는 귀한 손자를 험지에 보냈다고 나를 꾸짖으셨지만, 나는 그 경험이 훗날 입사 면접에서도 유용한 스토리가 될 것이라 믿었다.

물론 1학년이 경험 중심의 시기라 하더라도, 영어는 결코 소홀히 해서는 안 된다. 단기간에 성과를 낼 수 없는 영역이기에 꾸준히 토익 공부도 병행하게 했다. 당시엔 외국인 유학생들이 한국어를 배우기 위해 한국에 많이 들어오고 있었고, 한국 학생들은 영어를 배우고 싶어 했다. 그래서 스터디 그룹을 만들어 서로의 언어를 교환하며 배울 수 있도록 유도했다.

1학년을 마치고는 군 입대를 하도록 했다. 우리 가족은 3대가 모두 현역 복무를 마친 병역 명문가가 되기를 바랐기 때문이다.

병역 명문가는 할아버지, 아버지, 삼촌, 손자까지 남자 구성원 모두가 현역으로 군 복무를 마쳤을 때 병무청이 부여하는 명예다. 우리나라에서는 의외로 그 수가 많지 않다. 혜택이 많지는 않지만, 군 복무를 마친 자부심은 무엇보다도 소중하다.

군 입대를 앞두고 대기하는 기간 동안, 나는 『삶의 시방서』라는 산문집을 집필 중이었다. 그때 아들에게 책의 편집과 타이핑 작업을 맡겼다. 예전 알바처럼, 나는 수시로 내용과 순서를 바꿔가며 아들을 괴롭혔다. 사실 목적은 하나였다.

"내용을 반복해서 읽게 만들자."

아들은 알바 비에 이끌려 열심히 작업했겠지만, 나는 그 덕에 아들에게 인생의 중요한 문장들을 전해줄 수 있었던 셈이다.

마침내 『삶의 시방서』가 출간되었고, 아들이 군에 입대할 때 짐 보따리 속에 넣어 함께 보냈다.

나는 아들에게 말했다.

"나폴레옹이 손자병법을 베고 잤듯, 군에 있는 동안 이 책을 자주 꺼내 읽어라."

삶이란 누구에게도 똑같은 교과서가 없다. 하지만, 삶의 시방서처럼 누군가의 경험이 담긴 조언은 가끔 방향을 잃은 날, 길을 밝혀주는 등불이 되어준다고 당부하며 군에 보냈다.

군 생활

아들이 군에 입대할 때, 나는 첫 번째 산문집인 『삶의 시방서』를 함께 챙겨 보내며 몇 가지 당부를 하였다.

"아빠가 매주 일요일마다 편지를 쓸 거야. 월요일마다 우편으로 보낼 테니 꼭 읽어보렴. 대신 너는 답장을 쓰지 않아도 된다. 이건 아버지가 아들에게 하고 싶은 말을 전하는 일방적인 편지니까."

그렇게 시작한 편지 쓰기는 아들이 제대할 때까지 한 번도 빠지지 않고 이어졌다.

나는 약속했었다. "네가 제대하면 그땐 더 이상 잔소리하지 않겠다."고.

제대를 며칠 앞두고, 아들이 군 생활 동안 사용했던 소지품을 택배로 보내왔다.

그 속에는 놀랍게도 내가 보냈던 편지들이 고스란히 담겨 있었다. 그 편지들을 바탕으로 나는 두 번째 산문집 『소통 위에 홍시』를 출간할 수 있었다. 부모로서 참으로 뜻 깊은 보물이 되어 돌아온 셈이다.

군 생활 중 나는 아들에게 무료한 시간을 의미 있게 보내기 위한 방법도 권유했다.

그 중 하나는, 학교 선배들의 취업 현황을 조사해보는 것이었다. 같은 전공의 선배들이 어떤 곳에 취업했는지 미리 파악해두면 복학 후 진로 선택에도 유리하리라 생각했기 때문이다. 또 하나는 자신이 가고 싶은 직장들을 구체적으로 선정하고 연구해보는 것이었다.

나는 아들에게 다음과 같이 제안했다.

"국가기관 2곳, 정부투자기관 2곳, 민간기업 2곳—총 6개 기관을 선정해서 우선순위를 정해봐라. 각 회사의 홈페이지에 들어가서 조직의 비전과 운영 상태, 매년 신입사원 선발 인원과 시기, 이직률, 후생복지 등을 꼼꼼히 살펴보도록 하라. 특히 그 회사가 추진하는 사업 방향도 유심히 보아야 한다."

아들은 그 제안을 성실히 따랐다. 스스로 6개의 회사를 선정하고, 자신의 기준에 따라 선호도를 정해 순위를 매겼다. 그리고 군 복무를 마칠 무렵엔 목표가 뚜렷한 상태에서 복학할 수가 있었다.

군에서 단순히 국방의 의무만 수행한 것이 아니라, 자신의 미래에 대한 방향까지 함께 계획하며 한층 성숙한 모습으로 돌아온 것이다.

대학 생활

　군에서 장래 진출할 분야인 회사를 정하고 회사에 맞는 맞춤형 공부를 하도록 일렀다. 숙소도 학교 근처 오피스텔로 옮겨 주었다.
　이제부터는 봉사활동이나 동아리 모임 참여는 뒤로 미루고 공부에 전념하도록 하였다. 학교공부는 어느 누구보다도 열심히 하고, 특히 토익 점수를 올리는 데 주력했으며 학교 근처로 몰려오는 외국인 학생들을 모아 스터디 그룹을 형성하여 외국어 실전에 노력하도록 했다. 한편으로 외국인과 전화로 연결하여 프리 토킹하며 아침을 시작하도록 했다.
　다행히 대학교 지도교수가 아들이 가고자 하는 회사를 잘 알고 있어, 그 교수의 가르침과 정보도 회사를 이해하는 데 도움이 되었다. 그리고 인턴으로 들어가 회사 분위기를 파악하는 데 주력하였다.
　당시 몽골에서는 국민들이 초지를 따라 가축을 몰고 다니며 기르는 유목업에서 정착해서 기르는 업으로 전환하려고 하니 최대 걸림돌이 초지를 조성하고 키우는 데 필요한 물을 확보하는 것이었다.

몽골정부에서는 강우량은 절대 부족했지만 담수할 수 있을 정도로 비가 내리고 있어 저수지 설계와 시공에 대해서 한국에 수자원개발공사에 몽골 공무원을 파견하여 위탁교육을 시키고 있었는데 아들의 인턴 과제는 몽골 공무원의 교육을 돕는 가이드 역할이었다.

다행히 교육장소가 대전에 있어 집에서 출퇴근하며 수행했는데 이곳에서 몽골공무원들의 애로사항과 건의사항을 받아들여 그들에게 편의를 제공하는데 주력하게 했으며 그들이 보는 회사의 이미지에 대해서도 꼼꼼히 체크하도록 일렀다.

그들의 관심사는 교육을 마치고 돌아기기 전에 교육비를 아껴 휴대폰과 컴퓨터를 구입하는데 관심이 많아 용산전자상가도 안내하고, 그들과 친목을 도모하며 개인 외교관으로도 최선을 다한 인턴생활이었다.

지원한 회사가 일반 국민들에게 잘 알려진 기관은 아니었다. 주된 업무가 개발도상국을 지원하는 사업이 주가 되어 원조 개발 그리고 우리나라에 교육을 의뢰 시 관련기관과 협조하여 교육시키는 일과 세계 기후변화에 대처하는 업무까지 10여 개가 되었다. 매력적인 것은 우리나라의 국력이 향상되어 지원규모가 커질 것이라는 희망이 있어 매력적이었고 근무지가 본사는 한국에 있고 지사와 출장지가 세계에 60여 개 국에 있어 순환보직으로 교대 근무하게 되는데 신분은 외교관 신분의 예우로 파견국의 정부와 협의하여 사업을 추진하는 회사였다. 본인이 희망하면 외국에서 박사취득 과정도 지원해 주는 정부 투자기관이었다.

학교생활 중에 취업할 회사에 대한 충분한 정보와 맞춤형 공부로 준비를 완료하였다.

취업 도전

    지금까지 아들은 취업을 희망하는 회사를 정하고 그 회사를 꾸준히 추적하며 관찰했고 그에 맞춤형 공부로 준비를 해왔다.
    이제 남은 것은 결전의 날, 최선을 다해 노력하는 일이었다. 예상한 대로 아들이 졸업하기 전에 신입사원 모집공고가 나왔다.
    첫걸음은 이력서와 자기소개서를 쓰는 일이다. 이 서류는 대부분 회사 인사팀에서 대리급 이하 직원들이 1차로 선별한다. 입사 자격 요건에 부합하는 지원자인지를 검토하며 그 회사만의 사풍(社風)과 인사 기준을 반영하기 때문에 서류를 단순히 포맷대로 제출하는 것은 매우 위험한 일이다.
    특히 자수성가형 CEO가 이끄는 기업은 우리가 생각하는 일반적인 기준과 다를 수 있으므로 그 회사의 문화와 가치관, 운영 스타일을 미리 파악해두는 것이 중요하다.
    의외로 많은 지원자들이 한 번 작성한 자기소개서를 여러 회사에 그대로 복사해 제출하는 실수를 저지른다. 예컨대 현대자동차에 제출했던 자기소개서를 한 글자도 바꾸지 않고 대우자동차에 제출하는 식이다. 이런 경우는 아무리 스펙이 좋아도 서류심사 단계에서 즉시 탈락하게 된다.

또 한 가지 중요한 준비는 자기소개서를 기반으로 면접 질문을 예측하고, 답변을 준비하는 것이다. 면접관은 일반적으로 하루 전에 면접 대상자의 서류를 전달받고, 자기소개서를 읽으면서 질문을 생각한다. 따라서 자기소개서에 질문을 유도할 만한 단서를 일부러 넣고 그에 대한 모범답안을 미리 준비해 두는 것도 전략 중 하나다.

어떤 회사에서는 "당신이 사귀는 여자 친구를 제일 가까운 친구가 탐낸다면 어떻게 하겠는가?" 같은 정답이 없는 돌발 질문을 던지기도 한다. 이럴 때는 기계적인 답변이 아닌, 질문자의 의도를 파악해 자신만의 사고력과 감정 조절 능력을 보여주는 것이 중요하다.

나는 아들에게 면접을 준비할 때 예상 질문 5가지를 제시했고, 그에 대한 답변을 자기소개서에 녹여내도록 지도했다,

1. 이 회사를 선택한 이유는 무엇인가?
2. 해외 어학연수를 다녀오지 않은 이유는?
3. 당시 사회 이슈였던 '탑 차 뇌물 사건'에 대한 본인의 견해는?
4. 살아오면서 가장 힘들었던 순간은 언제인가?
5. 가장 자랑스럽게 여기는 경험은 무엇인가?

이 중 3문제가 실제 면접에서 그대로 출제되었고, 나머지 2개도 유사 질문이 나와 준비한 답변으로 무난하게 대처할 수 있었다고 한다.

1차 서류전형 경쟁률은 96:1.
2차 전형에서는 3배수로 추려졌고,
아들은 최종 합격자 명단에 이름이 올랐다.

입사 후에 들은 이야기지만, 이번 합격자 중 재수하지 않고 바로 입사에 성공한 사람은 2명뿐이고, 해외 어학연수 없이 합격한 사람은 아들 하나뿐이었다. 게다가 아들은 최연소 합격자였다.

입사 초기, 나이 어린 상사를 모셔야 하는 상황은 누구에게나 스트레스로 다가오지만, 취업 재수 없이 바로 입사했다는 사실만으로도 큰 행운이자 자부심이 되었다.

임원들에게 인사를 하러 다닐 때 "이번에 괴물이 입사했다는데, 그게 당신이야?"라는 말을 들을 정도로 이미 유명세를 타고 있었다.

첫 보직부터 주요 부서에 배치되었고, 직장 생활에도 큰 만족을 느끼며 성실히 일하고 있다. 토종 영어 실력으로도 해외 업무에 전혀 문제가 없었다.

튀르키예 지진 복구 지원 업무 당시에는 다른 기관 직원까지 이끌고 현지 정부와 협의하며 인솔 책임자로 성공적인 결과를 이끌어냈다. 지금은 팔레스타인 서안지구에서 현지 책임자로 근무 중이다.

이 모든 것이 아버지로서의 경험으로 아들에게 제시한 '취업 작전'의 결과였다.

손자는 아들이 알아서 할 일이다.

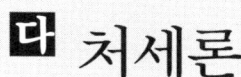# 다 처세론

세상에는 다양한 시선이 존재한다.
부자가 소형 승용차를 타고 다니면
"검소해서 부자가 되었다."고 칭찬을 받는다.
하지만 60세가 넘어서도 소형차를 몰고 다니면
"대체 뭘 하고 살았기에 아직도 작은 차를 타나" 하며 얕잡아보기도 한다.
그러나 나는 생각한다.
자동차란 신발처럼, 운전하기 편하고 주차하기 좋으면 그만이다.
그걸 굳이 신분을 나타내는 도구로 생각할 필요는 없다.
그렇게 보는 세상의 시선이 문제이지,
그 차량을 선택한 사람에게 문제가 있는 건 아니다.
자기 주관에 따라 검소하게 살아가고, 소신 있게 처신하는 것,
그것이 진정 존중받아야 할 삶의 태도라고 믿는다.

부모의 책무

부모는 자식에게 거울이어야 한다.

아버지는 그 존재만으로도 자식에게 모범이 되어야 하며, 인기 있는 아버지보다 존경받는 아버지가 되어야 한다. 아버지는 한 가정을 책임지고 굳건히 세워야 하며, 어머니는 그 위에 뼈대 있는 가문을 일으켜 세우는 더 큰 일을 감당해야 한다.

가정에게는
- 가족 사이엔 화목하게,
- 형제 간엔 우애 있게,
- 친척 간엔 예의를 갖추고,
- 이웃에게는 상냥하게,
- 살림살이는 알뜰하게,
- 말과 행동은 품위 있게—

모든 것이 한 지붕 아래에서 자연스럽게 통제되어 자식에게 보여

주어야 한다.

그래서 어머니의 역할이 더욱 중요하다. 가문을 지켜내는 어머니는 좋은 대학을 나온 지식 있는 엄마보다는 알뜰하고 삶의 근본을 보여주는 지혜로운 엄마이어야 했다.

자녀에게는 돈과 명예에만 집착하지 않고 올바른 삶의 방향과 가족의 화목함을 가르쳐야 한다. 그렇게 지혜로운 부모 아래서 자란 자식은 사악하지 않고, 자신의 처지에서 중심을 잃지 않고 올곧게 살아갈 수 있다.

장남의 역할이 다소 부족하다고 해서 차남을 지나치게 추켜세우지 마라. 딸이 용돈을 많이 준다고 해서 장남을 소홀히 해서도 안 된다. 형제간의 위계질서가 무너지는 것이야말로 가문이 몰락하는 지름길이다. 부모가 세상을 떠난 뒤 가장 먼저 일어나는 일이 형제간의 갈등이라는 말이 괜히 나오는 게 아니다.

자식이 조금 잘났다고, 돈이 있다고 해서 부모 앞에서 목소리를 높이는 일은 없어야 한다. 그런 분위기를 부모가 조정하고 잡아주는 역할을 해야 한다.

만약 부모가 자식에게 많은 유산을 물려주려 한다면, 그 재산을 지킬 수 있는 경제교육도 함께 해야 한다.

"어려서 고생 안 시키겠다."는 말로 자식을 과보호하다 보면 자립심이 무너지고, 결국 집안이 거덜이 난다.

삶은 수학공식처럼 단순하게 계산되지 않는다.

자식에게 도움을 받았을 땐 감사한 마음은 사위나 며느리를 통해 보답하라. 그들이 받는 보상은 금액이 아닌 진심과 균형이어야 하며, 절대로 차별이 있어선 안 된다.

자식들이 빚 없이 자기 집에서 살아갈 형편이 된다면, 선산을 제외한 유산은 남기지 않는 편이 낫다. 그래야 부모가 떠난 뒤에도 자식들이 우애 있게 살아갈 수 있다.

부모가 자식에게 물려줘야 할 진정한 유산은 물질이 아니라 올바른 가치관과 전통이다. 그래야 가정이 평온하고 가문이 제대로 이어진다.

부모의 재산이 자식의 삶에 의지가 되고 자신의 길을 소홀히 만들 만큼의 크기라면, 그건 축복이 아니라 장애물이 될 수도 있다. 부모가 세상을 떠난 후, 자식들이 우애롭게 살지 못한다면 그 책임은 부모의 자식 교육에 있다.

물론, 이 모든 것이 쉬운 일은 아니다. 하지만 보여주고 가르치는 것, 그것이 부모가 반드시 해야 할 책무라고 믿는다.

또한 부모는 자신의 노후와 마지막에도 스스로 책임져야 한다. 병이 들어 병원을 선택할 때도 가급적이면 자식에게 의존하지 말고 자신의 뜻으로 결정해야 한다. 평소엔 4인실 병실에서도 충분하지만, 임종이 가까워졌을 때는 연명치료를 거부하고 1인실로 옮기는 것, 그 또한 주변에 추한 마지막 모습을 남기지 않기 위한 예의일 수 있다.

이 모든 것을 자식에게 맡긴다면 부모로서 마무리를 잘하지 못한 일이 될 것이다.

장례식 역시 마찬가지다. 장례비용까지 미리 준비해두고, 자식들은 그저 몸만 와서 자리를 지켜주는 것, 그것이야말로 부모로서 마지막으로 해야 할 책무의 완성이라 생각한다.

당신을 만난 것은 행운이었어!

최형!

지난 겨울, 공방에서 나무에 각을 새기고 있는데 경상도 말씨가 짙은 아주머니에게서 전화가 걸려왔어요.

"자기 생애에 당신을 만난 것이 큰 행운이었다."는 말과 함께요.

순간 저는 놀라서 물었죠.

"예? 제가요?"

저는 부산에서 16년을 살았지만,

그곳에서 여인에게 마음을 준 적은 없었습니다.

그때나 지금이나 제겐 아내밖에 없었거든요.

그 아주머니가 덧붙였어요.

"이 말은 저희 남편께서 돌아가시며 꼭 선생님을 찾아 전해달라고 유언하신 겁니다."

그래서 다시 물었죠.

"남편 분 성함이 어떻게 되시죠?"

그분이 말했어요.

"최○○요."

솔직히 말해, 전 이름도 얼굴도 선명하게 떠오르지 않았는데…

최형이 평생 저를 가슴에 품고 살아왔다는 사실에, 그 순간 눈물이 핑 돌더군요.

수소문해 알아보니, 최 형과 인연이 있었던 건 1983년 부산지하철 1호선 부전동역 공사 현장이었던 것 같아요.

그때 최 형은 처음으로 전문건설업 면허를 내고, 저희 현장에서 일을 하며 종자돈을 마련해 지금의 회사로 키웠다는 이야기를 들었습니다.

최 형이 돌아가시기 전, 직접 전화만 해 주셨어도 대전에서 부산까지 한걸음에 달려갔을 텐데…

이제서야 뒤늦게 최 형의 명복을 빕니다.

그리고 문득 돌아보니

저에게도 인생을 살아오며 큰 도움을 주셨던 두 분의 멘토가 떠올랐습니다.

한동안 잊고 살았는데 찾아보니 안타깝게도 두 분 모두 하늘나라로 가셨네요.

그래서 다짐했습니다.

이제부터라도 나에게 도움을 준 분에게는 바로 감사 인사를 하려구요.

요즘엔 서각 작업 중 생기는 자투리 나무로 작은 찻 쟁반을 만들어 선물하고 있어요. 자식들도 이제는 다 커서 부모 곁을 떠났고, 집 안에는 부부 둘만 남았으니 아침저녁으로 함께 차 한 잔 마시기에 좋겠다는 마음으로요.

서각용 판재는 나무 결이 곱고 단단해서 찻 쟁반으로 딱이더군요. 정성껏 만들어 선물했더니 다들 좋아했습니다.

  차탁도 만들고, 덕분에 생활 공예라는 새로운 취미도 시작하게 되었습니다.

  이렇게 정성을 담아 만든 찻 쟁반을 선물한 이가 벌써 90명을 넘었어요.

  "고맙습니다.

  삶의 지혜를 일깨워 주셔서..."

  최 형,

  천국에서 다시 만나면

  우리 그때, 소주 한 잔 해요...

순간의 선택이 평생을 간다

사람이 살아가면서 평생 책임져야 할 결정이 있다면,
가치관의 확립, 배우자 선택, 직업 선택—이 세 가지를 꼽을 수 있을 것 같다.
오늘은 이 세 가지에 대해 이야기해보고자 한다.
'순간의 선택이 10년을 간다.'는 어느 전자제품 광고가 있었다.
하지만 어른들은 이렇게 말씀하신다.
'순간의 선택이 평생을 간다.' 고.
특히 배우자를 고를 때, 이 말의 무게는 더욱 깊어진다. 사람은 태어난 후 스스로 판단하고 선택하며 살아간다. 그리고 그 선택의 결과는 온전히 본인의 몫으로 돌아온다. 그 중에서도 인생의 큰 줄기를 결정짓는 세 가지 선택이 있다.
첫째, 가치관의 확립이다.
사람은 사물을 바라보는 눈이 있어야 한다. 그리고 그것을 어떻게 받아들이고 행동으로 옮길지 결정짓는 기준이 바로 가치관이다. 학식이나 재산보다 더 깊이 있는 성공의 바탕은 삶의 태도, 곧 가치관에서 비롯된 처세라고 믿는다.

가치관은 한 사람을 종합적으로 평가할 수 있는 기준이며, 그의 내면에서 풍겨 나오는 향기와 같은 것이다. 마치 우리가 연출하는 인생이라는 드라마의 숨은 각본과도 같다.

둘째, 배우자의 선택이다.

서로 다른 환경에서 자란 두 사람이 만나 한 평생을 함께 살아가는 것이 결혼이다. 기쁨도 있지만, 그만큼 많은 도전과 충돌도 함께 온다. 가문과 가문 사이의 문화적 차이, 각자가 지닌 가치관의 불일치, 혹은 종교적 갈등 등….

결혼은 단순한 사랑 이상의 조화와 이해, 조율의 예술이 필요한 일이다. 이 모든 것을 조화롭게 이끌어내고 한 가정을 단단히 세우며 나아가 가문을 일으키는 사람이 바로 배우자다.

셋째, 직업 선택이다.

직업은 옷 없는 나에게 옷을 입혀주고, 양식을 주며, 신분과 자존을 지켜주는 삶의 기반이 된다. 더 나아가 내가 확립한 가치관을 표현하는 수단이 되며, 인격을 드러내는 무대가 되기도 한다. 또한 사랑하는 배우자와 가정을 지켜주는 울타리이기도 하다.

가장이 먹고사는 일에 소홀하면 가족이 사회로부터 홀대받게 되는 것이 현실이다.

이 세 가지는 순간의 선택처럼 보이지만, 평생을 지배하는 선택이 된다. 그중에서도 가장 중요한 것은 배우자 선택이라 생각한다.

어른들은 말씀하셨다. "배우자는 오래전부터 질긴 인연으로 맺어진 사람이다."라고.

우연한 소개든, 운명처럼 찾아오는 감정이든, 만남은 인생에서 가장 극적이고도 결정적인 장면 중 하나다. 그래서 소설, 영화, 음악, 드라마의 주제는 사랑과 이별이 유난히 많다.

오스카 와일드는 말했다. "남자는 여자가 첫사랑이기를 원하고, 여자는 남자가 마지막 사랑이기를 원한다."고.

또 한 선배는 농담처럼 이렇게 말했다.

"결혼이란 3일은 탐색하고 3주는 사랑하며 3년은 싸우고 그 후 30년은 참고 사는 것이다."

결혼은 결국 희생과 인내, 그리고 배려의 연속이다.

현대에는 결혼 10년 안에 3쌍 중 1쌍이 이혼한다는 말도 있다. 부모나 연인과의 사별도 아프지만, 부부 간의 이혼만큼 일상 속 깊은 고통도 없을 것이다. 그렇다면 좋은 배우자를 선택하는 기준은 무엇일까?

첫째, 나를 편하게 해 줄 수 있는 사람이다.

표정이 밝고 긍정적이며 매사에 적극적인 사고를 가진 건강한 성격의 사람. 외적인 조건이나 물질에만 이끌리면 진짜 행복을 놓치게 된다. 재물은 바닷물과 같아서 마셔도 마셔도 끝이 없다. 지켜낼 능력이 없다면 있는 재산도 오래가지 못한다.

둘째, 지식보다는 지혜를 갖춘 사람.

자녀를 바르게 키우고, 가정을 올곧게 이끌어가는 힘은 지식이 아니라 지혜에서 나온다. 어진 아내는 가문을 화목하게 만들고, 지혜로운 아내는 남편을 귀하게 만든다. 결혼은 얼굴을 보고 시작할 수 있지만, 마음을 보고 살아가는 것이 평생이다.

아내는 무조건 공을 받아주는 야구장의 포수가 아니다.

가족을 먼저 생각하고, 어려울 땐 용기와 위로를 주는 사람, 삶의 태도와 자세가 모범이 되는 사람, 그런 사람이 좋은 배우자다.

셋째, 삶에 대한 확고한 신념을 가진 사람.

삶의 목적을 가지고 돈, 가치, 자녀 교육, 생활 방식에 대한 뚜렷한 기준과 철학을 지닌 사람, 외모나 시류에 흔들리지 않고, 자신이 옳다고 생각하는 길을 묵묵히 걸어가는 사람이면 더욱 좋다.

현실에서 사람답게 사는 건 쉽지 않다.

남편은 도덕적 가치 위에 자신의 역할을 다해야 하고, 아내는 소녀의 순수함, 숙녀의 절제된 행동, 아줌마의 포근함을 함께 지녀야 한다. 눈앞의 조건에 쉽게 흔들리지 않고, 오래도록 마음 편하게 해줄 수 있는 사람, 가정을 책임지고, 가문도 함께 일으킬 수 있는 중심 있는 여인이 진정한 배우자일 것이다.

그리고 나이가 들수록 이런 생각이 든다.

남자는 늙어서도 일이 있어야 하고, 여자는 늙어서도 말을 곱게 해야 된다고….

청부론(淸富論)

　언젠가 인기리에 방영되었던 TV드라마 '상도'에는 '계영배(戒盈盃)'라는 이야기가 등장한다. 이는 최인호의 소설 속에도 등장하는 청부(淸富)의 원리를 상징적으로 일깨워 주는 신비한 술잔이다. 이 잔에 술을 8할 이상 채우면 남김없이 밑으로 흘러내린다. 사이폰의 원리를 알 리 없지만 '넘침을 경계하라'는 선조들의 지혜가 담긴 상징물인 셈이다.
　조선시대 의주의 거상 임상옥이 청부의 전형으로 기억되는 것도 이 계영배의 철학을 삶에 적용하며, 끊임없이 솟구치는 욕심을 스스로 다스릴 수 있었기 때문이라는 이야기가 전해진다.
　『명심보감』에도 이와 상통하는 말이 있다.
　"만족할 줄 알면 평생 욕되지 않고, 그칠 줄 알면 평생 부끄러움이 없다."
　전주 술 박물관에 가면 이 계영배를 실물로 볼 수 있다. 그 자리에 서면 오늘을 사는 우리에게도 깊은 울림을 준다.
　우리의 전통 선비사회에서는 청빈(淸貧)이 가장 큰 덕목이었다.

'깨끗하게 산다.'는 것은 결국 마음을 비우고 물욕을 절제하며, 가난 속에서도 떳떳하게 살아가는 삶을 의미했다.

조선 태조부터 세종에 이르기까지 35년간 벼슬을 지낸 유관(柳寬)은 청빈을 체질화한 대표적인 인물이다. 정승까지 올랐지만 담장도 대문도 없는 초가집에서 살았고, 장마철이면 지붕이 새 우산을 받쳐 놓아야 할 정도였다.

명재상 황희 역시 비가 새는 집에서 물그릇을 받치고 밤을 새웠다고 전해지며, 맹사성은 약을 지을 돈이 없을 정도로 비좁은 집에서 살았다고 한다.

비록 모든 선비가 그와 같은 삶을 살지는 못했을지라도, 이러한 청빈의 가치관을 이상으로 삼았던 시대정신만큼은 분명했다.

하지만 오늘날, 청빈은 어느덧 잠꼬대 같은 말이 되어버렸다. 가난은 능력 부족으로 간주되고, "가정을 다스리지 못하는 사람이 어찌 조직을 이끌 수 있겠느냐?"는 시선이 지배적이다. 돈이 인생의 전부가 되어버린 시대에 살고 있다.

오늘을 사는 우리는 온갖 '게이트'에 연루된 고위층, 직을 통해 얻은 정보로 수단과 방법을 가리지 않는 성공신화, 그리고 돈만 벌면 그만이라는 왜곡된 가치관을 숱하게 목도하고 있다.

이런 현실 속에서, 재벌이나 졸부들이 세간의 따가운 시선을 받는 이유는 단지 부유해서가 아니라, 그 부(富)가 탁부(濁富)—즉, 불투명하고 불공정한 방식으로 축적된 것이기 때문일 것이다.

오늘날과 같은 자본주의 사회에서 청빈을 무조건 미덕이라 하기는 어렵다. 하지만 그렇다고 해서 탁부조차 마다하지 않는 부조리한 세태를 용인할 수는 없다.

지금 우리 사회에는 그 어느 때보다도 '청부(淸富)'의 정신이 절실히 요구된다.

청부란 단순히 돈을 벌지 말라는 말이 아니다. 법과 양심, 사회적 책임 안에서 정직하고, 깨끗하게, 그리고 공정하게 돈을 벌자는 뜻이다.

조선시대 경주의 최 부잣집이 무려 10대에 걸쳐 300년 동안 만석꾼의 위세를 유지할 수 있었던 이유는 여기에 있다. 그들은 만석 이상의 재산은 사회에 환원했고, 흉년에는 땅을 사지 않았으며, 9대에 걸쳐 진사를 배출했지만 그 이상 벼슬은 탐하지 않았다.

부를 물려주되 과욕은 경계하고 청부의 원칙을 가문의 철학으로 삼았기 때문이다.

그리하여 300년을 두고 사람들은 '최 부잣집'을 이름 대신 건전한 삶으로 기억하게 되었다

이제는 청빈의 시대를 지나 청부의 시대로 나아가야 할 때다.

지난 1990년대 초, 자신이 모은 50억 원을 충남대학교에 기부한 김밥 할머니의 이야기가 있었다. 또 얼마 전에는 전 재산 270억 원을 불우 이웃에게 쾌척한 뒤 "오늘 밤엔 잠이 잘 올 것 같아요."라고 말한 분도 있었다.

'개미처럼 벌어서 정승처럼 쓰는 삶'. 그 정신이 살아 있는 한, 청부는 결코 이상향이 아닌 현실의 가능성이 될 수 있다.

청빈이 있었다면 청부가 있어야 하고, 탁부 위에 청부가 군림해야 우리가 사는 세상도 조금은 살 맛 나는 곳이 될 수 있지 않겠는가.

삶의 기준

건설 현장에 가보면 이런 구호가 붙어 있다.
"5% 지시, 95% 확인."
도면과 시방서, 그리고 현장의 실제 조건이 일치하는지를 반드시 확인한 후 시공하라는 뜻이다.
일은 기술자가 도면을 보고 설계대로 지시하지만, 그 결과는 결국 기능공의 손끝에서 완성된다. 따라서 지시만으로는 부족하고, 수시로 점검하고 확인하는 과정이 반드시 병행되어야 설계대로 공사가 이루어지는 것이다. 확인이 이루어지지 않으면 말이 잘못 전달되어 엉뚱한 결과물이 만들어지기 쉽고 그럴 경우 이미 시공된 구조물을 철거하고 다시 시공해야 한다. 기술자에게 있어 이보다 더 치욕적인 일은 없다.
자식 교육도 마찬가지다. 아이를 그대로 방치하는 것도 하나의 교육 방식일 수는 있다. 하지만 모든 것을 부모 생각대로 간섭하다 보면 오히려 역효과가 날 수 있다. 중요한 것은, 자식이 어떤 곳에 관심을 가지고, 무엇을 생각하며, 어떤 행동을 하는지를 관심 있게 지켜보는 것이다. 그 속에서 자녀의 소질과 가능성을 발견했다면 스스로 해 나가도록 유도하고, 정말 도움이 필요할 때 부모가 조용히 뒷받침해주는 것이 가장 바람직한 태도다.

자녀가 어떤 전공을 택했느냐보다 더 중요한 것은 그 전공을 통해 어떤 자세로 세상을 살아가려 하느냐 하는 것이다. 의욕과 책임감이 없다면 아무리 좋은 조건과 환경도 무용지물이다. 돈을 버는 것도 중요하지만, 능력이 없다면 상속받은 재산을 지키는 것조차 어렵다.

우리는 자식이 힘든 일을 하지 않기를 기대한다. 그러나 실제로 성공한 사람들은 몸과 마음이 건강한 상태에서 미래를 내다보는 안목으로, 죽지 않을 정도로 열심히 일한 사람들이었다.

고난과 역경은 삶의 필수 요소였다.

그것을 이겨내는 방법을 배우는 것, 그것이 바로 인생을 살아가는 지혜의 시작이다. 하지만 오늘날 그 고난을 피하려고만 한다. 마치 그것이 삶의 실패라도 되는 듯이 말이다.

지금 우리 자녀들의 교육 현실을 돌아보면, 이루고자 하는 의욕과 꿈이 지식이나 조건보다 앞서야 함에도 정작 부모인 우리가 그것을 가르치지 못하고 있다. 자녀들에게 필요한 것은 단순한 정보나 기술이 아니라, 삶의 지혜다.

그 지혜를 전달하지 못한 것이 우리가 범한 가장 큰 실수인지도 모른다.

지식은 '아는 것'이고, 지혜는 '그 아는 것을 생활 속에서 실천하는 것'이다.

그런데 오늘날 우리는 지식은 풍부하지만 지혜는 부족한 시대를 살아가고 있다. 그래서 머리 좋은 사람들이 더 큰 사고를 쳐 사회를 어지럽히는 아이러니가 벌어지고 있다.

우리가 진짜 심각하게 여겨야 할 문제는 예의와 효, 인간다운 도리를 가르치지 않는다는 점이다.

어리니까, 공부하기 바쁘니까, 모든 것을 양보하고 체념해버린다. 하지만 부모를 공경하고, 조상을 잊지 않으며, 가족끼리 화목하게 살아가는 것이야말로 인생에서 가장 먼저 갖추어야 할 기본 덕목이 되어야 한다.

요즘은 돈이 모든 가치의 기준이 되었다.

사랑도 돈이 있으면 가능하고, 돈이 없어지면 모든 것이 끝난다. 이런 사회에서, 돈을 잃으면 삶 자체를 잃는 것처럼 여겨진다. 그 결과, 우리는 행복이 무엇인지조차 잊어버렸다. 하지만 살아보니, 진짜 우리를 행복하게 해주는 것은 건강과 가족이었다.

그렇게 명확하게 보이는 삶의 진실 앞에서 우리는 한참 동안 엉뚱하게 남의 다리를 긁으며 살아온 건 아닐까? 그리고 그 잘못된 기준을 그대로 자식에게 물려주려 하고 있는 건 아닐까?

지금이라도 늦지 않았다.

우리가 지켜야 할 삶의 기준이 무엇인지, 다시 생각해 볼 때다.

쪼잔하게 키우지 마라

"사람이 마음 쓰는 폭이 좁다."

흔히 쓰는 '쪼잔하다.'는 말은 그런 사람을 일컫는 표현이다.

표준국어대사전에도 "(속되게)마음 쓰는 폭이 좁다"는 뜻으로 실려 있다.

우리는 흔히 속 좁은 사람을 '밴댕이 속 같다.'고 말한다. 선천적인 기질일 수도 있지만, 많은 경우는 후천적인 영향, 즉 자라온 환경이나 직업에서 비롯된 경우가 많다.

특히 자식이 그런 성향을 갖게 되었다면 그 책임의 많은 부분은 부모에게 있다고 나는 생각한다.

살아보면 알게 된다.

무식한 사람이 출세하는 경우는 종종 있지만 쪼잔한 사람이 크게 되는 경우는 거의 없다.

예를 들어 징기스칸, 자기 이름도 쓸 줄 몰랐던 문맹이었지만 그는 아시아와 유럽을 아우르며 지구의 3분의 1을 정복한 인물이다. 그의 성공은 억압이나 공포 정치 때문이 아니었다. 남의 말을 잘 들고, 점령한 나라의 포로까지 자신의 사람으로 잘 활용하며 가슴이 넓은 통 큰 리더십으로 그 뜻을 이루어냈던 것이다.

그런데 우리는 종종 자식에게 지나친 관심과 지적을 쏟으며 아이들을 쪼잔하게 키우고 있는 건 아닌지 돌아볼 필요가 있다. 사소한 것까지 간섭하며 아이의 뜻보다는 부모의 기준대로만 키우려는 조바심이 결국 아이를 위축시키고 세상을 두려워하게 만들 수 있다.

예전 어느 집 이야기다.

임종을 앞둔 아버지가 어린 아들에게 물었다.

"아들, 아버지 죽고 나면 넌 어떻게 살래?"

그러자 아들이 대답했다.

"아버지, 그럼 아버지는 할아버지 돌아가신 후 어떻게 사셨어요?"

그리고는 덧붙였다.

"너무 걱정하지 마세요. 저도 잘 살겠습니다."

세상은 결국 스스로 살아내는 것이다.

어려움 앞에서 포기하지 않는 지혜와 용기만 있다면 이루지 못할 일은 없다. 우리가 자식에게 가르쳐야 할 것이 바로 그것이다. 하지만 요즘은 쉽게 사는 방법만 알려주려는 부모가 너무 많다. 그 결과, 조금만 힘들어도 주저앉는 아이들이 늘어났다.

어릴 때 한 번쯤은 평생 잊지 못할 고된 경험을 해봐야 한다.

나도 고등학교 학생 시절, 멀리 떨어진 학교에서 추석을 맞아 70km를 걸어 집에 간 적이 있었다. 산소에도 못 가고 힘들었지만 그 기억은 아직도 생생하다. 또 부화장에서 달걀 분류 아르바이트를 했는데 그 냄새와 비위는 지금도 잊을 수가 없다.

고등학교에 진학한 첫해, 덩치가 크다는 이유로 현지 친구들에게 얻어맞았고 그 복수심에 운동을 시작했다. 공부는 좀 놓쳤지만 그 경험이 나를 강하게 만든 결정적인 계기였다.

세상은 머리로만 사는 것이 아니다.

논리로만 따져 살아가는 것도 아니다. 가슴으로 살아야 한다.

그리고 그 가슴이 넓고 유연하려면 '쪼잔한' 태도를 버려야 한다. 그렇지 않으면 인생에서 쪽박 차는 일도 생긴다. 진정한 리더는 개인의 이익만 챙기는 게 아니라 '우리'라는 공동체를 생각하며 통 크게 살아가는 사람이다.

우리 아이를 어떻게 키울 것인가?

이 질문 앞에, 내가 살아온 경험을 꺼내 놓고 비교하고 돌아보는 아침이 되었으면 한다. 쪼잔하게 굴지 말고 통 큰 가슴으로 키워보자.

그것이 아이의 인생에도, 우리 가정에도 가장 든든한 울타리가 되어줄 것이다.

멋진 삶보다 값진 삶을

'멋진 삶'보다는 '값진 삶'을 살아왔다고 생각한다.

직장에 다닐 때도 내 위치를 잃지 않았고 가정도 큰 탈 없이 원만하게 꾸려왔다고 믿는다. 이제 퇴직 후, 하고 싶은 일을 하며 하루하루를 보내고 있지만 저녁노을을 바라보면 때로 이상한 감회에 젖는다.

"오늘 하루 뭘 한 게 있나…"

그런 생각이 드는 날이면 잠자리에 드는 것도 어쩐지 아쉽고 서운하다. 이런 날들이 반복되면 '오래 산다는 것이 무슨 의미가 있을까' 하는 생각도 든다. 생물학적 나이로만 오래 사는 것에는 더 이상 큰 의미를 두지 않게 되었다.

그렇다면 지금 이 순간, 나는 어떻게 하루를 살아야 할까?

첫째, 마음이 편안해야 한다.

누군가에게 보여주기 위한 삶보다는 내가 즐기는 삶이어야 한다. 사소한 말 한마디에 서운해 하고 삐지고 토라지는 그런 '노인네' 같은 태도는 이제 그만두고 싶다.

"그럴 수도 있겠지."

"세상이 다 그런 거지 뭐."

이렇게 한 발 물러서서 체념하며 이해하고, 더 많이 배려하며 사는 삶이 되었으면 한다. 이제는 더 이상 남과 비교하며 경쟁하려는 마음도 내려놓아야겠다. 대신 '내가 먼저 해줄 수 있는 게 뭘까'를 생각하며 가는 인연, 오는 인연에 너무 연연하지 말고 가볍고 평온한 마음으로 살아가고 싶다.

둘째, 삶의 흔적이 누군가에게 도움이 되는 것이어야 한다.

나이가 들수록 할 수 있는 일은 점점 줄어든다. 하지만 분명 나만이 할 수 있는 일도 있다. 그 일을 발전시켜 창의적이고 독창적인, 나만의 특징이 담긴 무언가를 남기는 것. 그 흔적이 누군가에게 소중하게 여겨져 오래 간직될 수 있다면, 그것만으로도 의미 있는 삶이 아닐까 생각해본다.

시간은 누구에게나 공평하게 흐른다. 하지만 그 시간을 어떻게 내 것으로 만들고 활용하느냐는 전적으로 내 몫이다. 그 시간의 흔적이 누군가의 마음속에 오래도록 남는다면, 그것이 바로 보람이 될 것이다.

그런 생각을 품고 오늘도 나는 공방을 찾는다.

요즘은 찻상(茶床)을 만드는 일에 푹 빠져 있다.

주위 사람들이 관심을 가져주면 나도 덩달아 마음이 들뜨고, 더 정성껏 만들게 된다. 수작업으로 만드는 일은 손도 많이 가고, 공구를 사용하려니 기술이 따라주지 않아 애를 먹는다. 특히 평탄작업이 제일 어렵다. 가볍게 만들고 싶어 두께를 줄이다 보면, 간혹 잘못해서 구멍이 나기도 한다.

덤덤하던 아내조차 이 찻상 만들기에 은근한 관심을 보이고 있다.

먼지는 날리고 손마디는 저릿저릿 아파오지만 시간을 두고 계속 이어갈 생각이다.

누군가가 잠시라도 그 찻상을 바라보며 내 생각에 잠긴다면, 그것만으로도 참 고마운 일일 것 같다.

그래서 오늘도 옥상으로 올라간다.

먼지와 싸우며 나만의 시간을 조용히 이어간다.

인간들아, 나만큼만 살아라

　같은 시대를 살아가며 보고 듣고 말하는 것들이 왜 이토록 다를까? 그 차이는 어디서 비롯되는 걸까?
　TV에서 통일부의 대북 성명을 듣고 있노라면 부드럽고 절제된 언어 속에 국가의 격이 느껴진다. 그러나 '북한은 지금'이라는 방송을 듣다 보면 어쩌면 저렇게 막말을 방송에 담을 수 있을까, 민망함과 걱정이 앞선다. 말투는 물론 어휘 선택까지 예의도 품위도 찾아보기 어렵다.
　그들의 일상에서 이런 언행이 당연한 문화로 자리 잡은 것은 아닌가 싶다. 우리 사회의 일부 정치인들, 반사회적 성향의 단체들, 심지어 특정 종교 세력들까지도 그와 별반 다르지 않은 언행을 보이고 있다.
　입에 담기 힘든 막말, 자극적인 언사와 격한 표현을 서슴지 않는 그들. 자신들이 하는 말은 정당한 표현이고, 그것을 표현의 자유라 믿는다. 그러나 상대가 똑같은 방식으로 말하면 그들은 분노하고 용납하지 않는다. 그야말로 내로남불의 전형이다.

이런 태도를 가진 소수가 다수를 끌고 가는 사회는 한쪽으로만 치우친 일방통행 사회가 된다. 문제가 생기면 차분히 논리적으로 자기주장을 펼치는 법을 모르고 곧장 머리를 깎고, 피켓을 들고 촛불을 들어 거리로 나선다.

욕설과 고성을 곁들이며 과장된 감정 연출로 그들의 지도자 반열에 오르려 한다. 그 자리에 익숙한 이들의 얼굴은 집회마다 변함없이 등장한다. 세월이 흘러도, 나이가 들어도, 그들의 언행과 표정은 조금도 달라지지 않았다.

그들을 보며 묻고 싶다. "당신들은 자식이 없나? 손주도 없나?" 부모의 언행은 자식이 보아도 떳떳해야 하지 않겠는가?

요즘은 북한의 방송보다 국내 일부 단체나 정치권의 과격한 언행이 더 염려스럽다. 종교라는 이름으로 대리인을 자처하며 사건 사고를 일으키는 일부 성직자들의 모습에서도 공통된 문제점이 보인다. 그들의 말과 행동 중 저질스러움이 체질화되어 이미 몸에 배어 있다는 것이다.

해야 할 일과 해서는 안 될 일을 분별하지 못하고, 기본적인 예의조차 상실한 언행들. 사람의 말은 그 사람의 생각과 인격에서 비롯된다고 했다.

이 모든 것을 여과 없이 그대로 내보내는 방송과 언론 매체도 책임이 있다. 정보 전달이라는 이름 아래 사회적 혼란을 부추기고 감정을 자극하는 방식으로 대중을 선동하는 언론, 그 속에 있는 사람들 또한 삶에 대한 깊이와 품격이 결여되어 보인다.

세상을 우려하는 사람이 많아졌다. 그러나 그 염려가 실질적인 행동으로 이어지지 못한다. 불의를 보았을 때 "그건 아니지 않느냐?"고 한마디 할 수 있는 용기. 그 용기가 부족해 세상은 혼란의 늪으로 빠져드는 듯하다.

그들이 말하는 '개'는 실제로 의리 있고 주인을 향한 충성심 하나로 살아간다. 눈치 보며 이해득실을 따지지도 않고 한 번 주인이라 여긴 이는 죽을 때까지 지켜주는 존재가 바로 개다. 그런 개를 욕하는 사람들이 정작 그 개보다도 못한 언행을 하고 있는 게 오늘날 우리의 현실이다.

그래서 문득, 개들이 우리에게 이렇게 말하는 듯하다.

"인간들아, 나만큼만 살아라."라고.

하루살이가 바라보는 노을

고즈넉한 산사에 해 질 무렵, 노을이 깃들면 절에서는 어떤 풍경이 펼쳐질까?

문득 그런 상상이 떠오른다. 저녁 예불을 준비하며 밥을 짓는 스님이 있을 테고, 어떤 법문으로 염불을 드릴지 고민하는 스님도 있을 것이다.

공부하는 학승은 하루를 무사히 보낸 안도감 속에서 마무리를 지을 것 같고, 면벽 수행 중인 수도승은 아직도 번뇌 속에서 헤매며 스스로를 채찍질하고 절을 운영하는 주지 스님은 찾아오는 신도의 수와 시주금의 변화, 절의 성장 방향에 대한 고민으로 속세의 CEO 못지않은 번민에 시달릴지도 모르겠다.

붓글씨를 잘 쓰는 신도에게는 절에 있는 동안 선인들의 좋은 생각을 써 달라 부탁하고 문인화나 산수화에 재능 있는 이에게는 그림을 그려 작품으로 시주 받아 멀어진 신도들을 찾아가 안부 인사 겸 전하려는 계획도 머릿속에 그리고 있을 것이다.

어떤 설법으로 신도들의 마음을 움직일 수 있을까?

수행 중인 스님에게는 어떻게든 깨닮을 얻게 하고 절의 행사나 홍보도 소홀히 할 수 없으니 정신세계와 물질세계 사이에서 조화를 이루어야 하는 숙제가 참 무거울 것 같다.

그중에서도 가장 깊은 번민에 잠긴 이는 노승(老僧)일 것이다. 몸은 예전 같지 않고 과거와 현재, 그리고 오지 않은 미래를 마주하며 스스로의 길을 묻는 그 마음이 얼마나 착잡할까. 젊어서 절에 들어와 머리 깎으며 다짐했던 초심은 어디로 갔는가. 찾고자 했던 구도의 길은 아직도 멀게만 느껴지고 깨달음은 아득하게만 다가온다.

부처님의 미소 앞에서 염화시중(拈華示衆)의 깊은 뜻조차 스스로에게는 무거운 짐처럼 느껴질지도 모른다.

환속하기엔 세상이 너무 낯설고 절을 지키자니 체면과 역할이 발목을 잡는다. 자연스레 노후에 대한 걱정도 스민다. 그저, 서산 너머로 지는 노을을 바라보며 묵묵히 스스로를 되돌아보는 그런 시간 속에 깊은 회한이 깃들지 않을까?

세속의 그늘 속에서 허우적거리며 살아온 나도 서산마루를 물들이는 저 노을 앞에서는 노승 못지않은 복잡한 마음이 일렁인다.

젊은 시절, 아침 햇살의 서광과 저녁노을의 석양의 빛깔이 왜 다른지 고민한 적도 있었다.

노을은 공기 중의 먼지가 수분을 흡수하여 햇빛을 받아 면 반사하며 만들어 내는 빛의 교향곡이다.

그렇게 성층권에 떠 있는 미세한 먼지조차 자연의 경이로움을 전해주는데, 정작 나는 이 세상에 태어나 무엇을 남기려 애써 왔는가를 되묻게 된다.

남에게 잘 보이기보다 가슴속의 꿈을 이루기보다는 그저 내 한 몸 간수하며, 가족의 생계를 유지하기 위해 허우적거리며 살아온 건 아닌가. 삶의 무대에서 조차 주연은 커녕 무대의 가장자리에 서서 조연의 삶만 살아온 듯한 이 허전함. 마음이 허접하고 나 스스로 갈등이 이는 이유다.

1모작 인생이 끝나고 2모작을 향해 달려왔지만 배우기 바빠 소매 자락이 나풀거릴 정도로 이곳저곳을 돌아다녔어도 "내가 누구인가"를 선명히 드러내지 못한 인생이 참 아쉽다.

색소폰도 배우고 있지만 연습 시간이 1만 시간을 넘어섰는데도 여전히 미숙하다. 그나마 깨달은 것이 있다면 열심히 해도 프로처럼 불 수 없다는 사실 하나뿐이다.

글도 써 보지만 나를 대표할 만한 글 하나 써내지 못하고 수필과 일기 사이를 오가는 신변잡기만 늘어놓고 있다.

유화, 초상화, 생활 공예도 해봤지만 결국 아마추어의 울타리 안에서만 맴돈다.

그럴 때면 마음이 새가슴처럼 조마조마하다. 오늘도 혼자 있는 시간을 무료하지 않기 위해 자연에 순응하며 몸부림치듯 하루를 살아가는 내 모습이 스스로도 안타깝다.

신문이나 방송을 보면 입술이 바싹 마르고 눈물 흘리는 이들이 많다. 높은 자리에서 혜택을 누려온 사람들인데도 시련 앞에서 쉽게 무너진다. 그들의 눈물은 세상을 향한 서러움이겠지만, 지켜보는 사람 입장에서는 도무지 공감되지 않는 눈물이다.

이처럼 모두가 자기중심으로 세상을 바라본다. 자기 뜻대로 되지 않으면 세상이 억울하고 서럽게 느껴지는 것이다. 하지만 하늘에 떠 있는 작은 먼지도 우리를 반성하게 하고 위안을 건넨다.

사회에 크게 기여하지 못했더라도, 자연에 순응하며 조용히 살아가는 삶에도 충분한 의미가 있다고 생각한다.

풀밭에 노니는 토끼를 보라. 먹고 자는 것만 해결되면 그 자체가 천국이다.

죽어서 극락을 꿈꾸는 인간보다 어쩌면 더 평화로운 삶이다.

"우물쭈물하다가 이럴 줄 알았어."라는 버나드 쇼의 비명에 새겨진 이 말은 인간을 너무 위대하게 본 오만함에 대한 반성일지도 모른다.

그렇다. 오늘, 지금 이 순간을 최선을 다해 살면 된다. '비록 내 뜻대로 세상이 움직이지 않는다 해도 최소한 자연에 순응하며 평범한 하루를 진심으로 살아내는 것, 그것이 바로 삶의 본질이 아닐까.' 생각이 든다.

하루를 사는 하루살이든,

100세를 꿈꾸는 인간이든,

거북이 눈에 비친 우리는 결국 다 같은 하루살이일지도 모른다.

오늘 저녁 노을도 붉게 타고 있다.

君君臣臣父父子子

'군군신신부부자자(君君臣臣父父子子)'는 논어 안연(顔淵)편에 나오는 말로, 제나라 경공이 공자에게 나라를 잘 다스리는 방법을 묻자 공자가 답한 말이다. 즉, "임금은 임금다워야 하고, 신하는 신하다워야 하며, 아버지는 아버지다워야 하고, 자식은 자식다워야 한다."는 뜻이다.

이 얼마나 간단하고 명료한 말인가. 살아보니, 모든 문제는 결국 사람이 '자기다움'을 잃었을 때 생기는 것 같다. 사람답게 살지 못하고 본분을 망각했을 때 가정과 사회, 그리고 나라는 흔들리기 시작한다.

요즘 뉴스를 보면 제나라 경공이 고민하던 혼란기보다 지금 이 시대가 더 어지러운 듯하다. 말도 안 되는 이야기들이 연일 언론에 오르내리고, 사람들은 그것에 꼬리를 붙여 온갖 소설을 지어낸다.

진리는 가려지고, 양심은 실종되었다. 배운 자나 못 배운 자, 가진 자나 없는 자, 높은 자리나 낮은 자리의 사람들에 언행조차 구분이 안 된다. 심지어 더 배운 자, 더 가진 자의 언행이 가관이다.

본질은 사라지고, 눈에 보이는 현상만을 쫓는다. 문제가 발생하면 그것이 해결되기도 전에 또 다른 문제가 이어지고, 새로 생긴 일이 앞 사건을 덮어버리는 일이 반복된다.

최근 논란이 된 노인복지 연금 문제는 나라의 근간을 흔드는 사안이다. 제정신을 가진 사람이라면 누구나 지속 불가능한 정책임을 알 수 있을 것이다. 전 국민에게 일정 금액을 나눠주는 나라가 과연 어디에 있는가? 복지를 앞세워 무리하게 예산을 집행한 결과, 나라가 흔들린 예는 이미 우리가 여러 번 보아왔다.

경제가 무너지는 것도 문제지만 국민의 가치관이 무너지는 것은 더욱 큰 재앙이다. 한 번 지급을 시작하면 되돌리기 어렵다. 그런데도 사람들은 그 길을 가자고 외치고 있다. 스스로 자립하지 못하는 극빈자부터 도와야 하는 게 순서다.

추위에 얼어 죽은 지 5년 만에 발견된 사람이 있는 나라에서 모든 이에게 똑같이 25만 원을 나눠준다는 것은 정의로운 정책일 수 없다.

장관의 자리란 자신이 아니라 국가의 몸으로 살아야 하는 자리다. 그만한 무게를 감당하지 못할 거라면 애초에 그 자리에 앉지 말았어야 했다.

임금은 임금다워야 하고
신하는 신하다워야 하며
부모는 부모다워야 하고
자식은 자식다워야 한다.

자리에서 자기 역할을 하며 살아가는 사회가 건강한 사회다. 지금 우리에게 필요한 것은 바로 그 '자기다움'이다. 정치권의 행태는 더 이상 보고 있기도 민망할 정도가 되었다.
  제발, 모두가 자신의 길을 찾고 그 길을 묵묵히 걸어가기를 바란다.

라 온동(溫洞) 생각들

'온동(溫洞)'은 '따뜻할 온(溫)' 자와 '마을 동(洞)' 자로 이루어진 이름이다.
내가 사는 마을의 이름이자, 내가 사용하는 호(號)이기도 하다.
내가 바라는 삶은
따뜻한 마음을 품은 사람들이 모여 사는 곳
미움보다 이해가 많고, 불평보다 미소가 가득한 동네.
그래서 나는 이곳을 '온동' 이라 불렀다.
이 이름처럼
지금까지도 따뜻한 마음으로 살아오려 노력했고
앞으로도 그렇게 살아가고 싶다.

민들레의 집념

하얀 눈이 대지를 덮으면 세상은 온통 숨을 죽이고 고요해진다. 때때로 몰아치는 찬바람이 얼굴을 스치고 지나가면 겨울의 차가운 기운이 느껴지기도 하지만 그 아래 땅속에서는 영원한 행복을 꿈꾸며 세상으로 나오려는 복수초의 태동이 느껴진다.

눈이 녹으면 작년 개울가에 자리하고 있던 갈대의 잔재 속을 뚫고 새싹들이 올라오고, 언 땅을 헤집고 올라오다 힘이 들었는지 고개가 휜 할미꽃이 힘겹게 인사를 건넨다. 열매를 맺지 못했어도 여전히 새봄을 알리는 노란 개나리는 젊음을 노래하며 활기차게 피어난다. 그리고 덩치 큰 나무들 속에서는 두견새가 피를 토하듯 진달래꽃이 만발하고 그 꽃잎들은 바람에 흔들린다.

숲 속에서는 작은 식물들이 기지개를 펴고 먼저 햇빛을 품으며 한 해를 준비하고 겨울을 버티며 나신으로 옷을 벗고 있던 키 큰 나무들의 가지에도 물이 올라 이파리가 무성한 숲을 만들어간다.

봄이 오면 식물들은 자연에 순응하며 삶을 시작한다. 무성한 숲 속에서도 작은 식물들이 힘겹게 살아남지만 그들은 키 큰 나무들보다 먼저 부지런히 땅을 뚫고 햇빛을 받아 영양분을 흡수하며 한 해를 버틴다.

그리고 봄이 되어 식물들이 왕성한 활동을 시작하는데 양지 바른 언덕에서는 민들레가 꽃을 피운다. 민들레의 홀씨는 바람을 타고 하늘을 떠돌며 여행을 시작한다.

자신의 힘보다는 주어진 여건에 몸을 맡겨 바람에 날려 떨어진 곳에서 민들레의 삶은 시작된다. 민들레 씨앗은 자신이 살아갈 곳을 스스로 찾아갈 수가 없다. 그래서 바람에 몸을 맡기고 때로는 1킬로미터까지 하늘로 올라가며 정처 없이 떠도는 것이다. 그리고 그 씨앗이 떨어진 곳에서 민들레의 삶은 계속된다.

선택의 자유가 없기에 민들레 꽃씨는 환경에 지배받으며 좋든 싫든 그곳에 적응하며 살아간다. 비록 나뭇잎에 떨어져 뿌리를 내리지 못한다고 세상을 비관하거나 삶을 포기하지 않는다. 기다림의 시간을 가지며 바람을 기다리거나 비 오는 날을 택해 땅에 내려 와 뿌리를 내린다. 때로는 그 기다림이 길어져 나뭇잎이 낙엽이 되어 한 해를 쉬고, 내년을 기약하기도 한다.

설령 바람에 날려 돌 틈 사이에 떨어지더라도 민들레는 그곳에 적응하며 살아간다. 척박한 환경 속에서도 하늘을 바라보며 부지런히 영양분을 모아 꽃을 피운다. 그리고 다시 바람을 기다리며 자신의 유전자를 다음 세대에 전할 준비를 한다.

기름진 땅에 떨어져 탐스러운 꽃을 피우지 못할지라도, 민들레는 최선을 다해 자신에게 주어진 삶을 살아간다.

민들레의 삶을 들여다보면 지구상에 존재하는 수많은 식물들 중 민들레만큼 강한 생명력을 지닌 꽃도 드물다. 사랑을 이루지 못하고 죽은 처녀의 넋이 민들레꽃으로 피어났다는 서양의 전설처럼, 민들레는 끈질긴 생명력의 상징이다.

민들레는 모진 환경 속에서도 순응하며 그 속에서 꽃을 피워낸다. 바람을 타고 날아가는 민들레 씨앗은 어디에 떨어지든 상관하지 않는다. 바위틈이든, 길 한복판이든, 혹은 마차가 지나가는 수레바퀴에 짓밟히는 곳에서도 생명력을 발휘하며 꽃을 피운다.

민들레는 해가 지고 어두워지거나 비가 오려 할 때 꽃잎을 닫아버리는 능력을 가졌으며, 뿌리를 캐어 5~6일 동안 볕에 노출시킨 후 다시 심어도 싹을 틔운다. 심지어 뿌리가 잘리거나 난도질 당해도 다시 자라나는 강한 생명력을 지닌다. 한 뿌리에서 여러 송이 꽃을 피우지만 한 송이가 지고 나면 다음 송이가 차례를 기다리며 순차적으로 꽃을 피운다.

민들레꽃이 머금고 있는 꿀은 양이 많고 농도가 진하여 멀리 있는 벌과 나비들을 불러들인다. 이로 인해 유럽에서는 민들레를 '농부의 시계'라 불리기도 한다.

민들레 씨앗은 서로 의존하지 않고 바람에 실려 먼 곳으로 날아가며 떨어진 곳에서 새 삶을 시작한다. 또한, 민들레의 줄기에서 나오는 흰 즙은 흰 머리카락을 검게 하고 종기를 치료하며 학질 같은 질병에 열을 내리는 효과도 있다. 항암 효과도 탁월하여 민들레는 연구해 볼 가치가 있는 식물로 평가받고 있다. 어린 민들레 잎은 삶아 나물로 무쳐 먹기도 하고, 삼겹살과 함께 쌈으로 싸 먹기도 하며 설탕과 함께 발효시켜 즙을 내어 마시기도 한다. 또한, 커피나 맥주, 차에 쓴 맛을 더하는 첨가제로도 활용된다.

그렇지만 이러한 효능 때문에 민들레는 동의보감을 보고 찾아오는 사람들에게 뿌리째 뽑히기도 한다. 최근에는 당뇨와 항암 치료에 좋은 효과가 있다는 소문이 퍼지면서 더 많은 사람들이 민들레에 관심을 가지고 있다. 이로 인해 하얀 민들레는 더욱 많은 수난을 겪고 있다. 사람들의 눈에 띄면 인정 사정 없이 모두 뽑히는 것이다.

그런데, 이상한 일이 있었다. 일반적으로 꽃들은 목을 따면 바로 시들어버린다. 줄기를 길게 자르고 물을 넣은 꽃병에 꽂아 둔다 해도 얼마 지나지 않아 시들기 마련이다. 그런데 민들레 꽃봉오리는 목을 따고 나서 4일이 지나도 외부의 인위적인 영양 공급 없이 자력으로 꽃봉오리를 펼쳐 만개시키고 있었다.

이것은 민들레만이 보여주는 경이로운 모습이다. 이 생명력에 대한 집착은 우리 조상들의 눈에 띄었을 것이다. 다른 꽃들이 하지 못하는 모습에서 민들레만의 독특한 능력을 발견했을 것이다.

민들레의 생명력을 바라보며 나도 숙연함을 느낀다. 자연에서 배우는 삶의 지혜를 고스란히 담고 있는 민들레. 이 꽃이 가진 강한 생명력은 우리에게도 중요한 교훈을 준다. 난치병으로 불리는 질병의 치료제로 민들레를 더욱 연구하고 개발해 나갔으면 하는 바람이다.

오늘도 나는 목을 따 생명력을 잃은 민들레 꽃봉오리를 손에 쥐고 새 삶의 터전을 찾아 유등천으로 나가 바람을 기다려야겠다.

가치관(價値觀)

 사람이 살아가다 보면 해야 할 일과 해서는 안 되는 일이 있고 오늘 해야 할 일과 내일로 미뤄도 되는 일이 있다. 이러한 것들을 판단하는 기준과 능력을 우리는 가치관이라고 말한다.
 이 가치관은 학교에서 외운다고 형성되는 것이 아니며 학원을 다닌다고 해서 생기는 것도 아니다. 부모님의 DNA를 물려받으며 유전적인 요소가 전해지기도 하고 어머니의 뱃속에서의 태교를 통해 지성, 감성, 인성의 기본 틀이 만들어지기도 한다. 또 태어난 이후에는 어머니의 품에서 젖을 먹으며 사랑을 느끼고 가정 안에서 생활하며 웃어른을 공경하는 '효'를 실천하게 되며 없는 살림 속에서도 형제간에 나눔을 배우고 절약하는 습관을 익힌다.
 어린 시절, 누군가에게 억울하게 맞았을 때 형제들이 함께 똘똘 뭉쳐 위기를 극복해 나가며 가정이라는 울타리 안에서 삶의 질서와 방법을 자연스럽게 배워간다. 이렇게 7세 이전의 경험은 이후 인생을 결정짓는 중요한 요소가 되며 이는 곧 성공적인 삶을 이끄는 가치관 형성에 결정적인 역할을 한다.

동물의 세계에서는 강자가 약자를 잡아먹는 것은 자연의 이치다. 거기에는 죄의식이란 것이 존재하지 않는다. 하지만 인간은 잘못된 행동을 했을 때 죄의식을 느낀다. 이는 인간만이 가진 고유한 특징이다. 여기서 말하는 죄는 법적인 관점이 아닌 양심과 행동이 어긋났을 때 우리가 얼굴을 붉히는 그 마음의 반응이다. 즉, 자기 가치관과 어긋나는 행동이 주는 내면의 충돌이다.

하지만 우리 주변을 돌아보면 아이러니한 일들이 많다. 남이 바람을 피우면 '불륜'이라 하고 자기가 하면 '로맨스'라고 한다. 남이 돈을 받으면 '뇌물'이라 여기지만 내가 받으면 '촌지'나 '정성'으로 여긴다. 이해관계가 없을 때는 올바른 판단을 하다가도 나와 관련이 있는 일에는 유리한 쪽으로 결론을 내리려 한다.

또한 사회적 불이익을 당했다며 과격한 행동을 하면서도 그로 인해 피해를 받는 타인의 입장은 고려하지 않는다. '내게 불편하면 받아들일 수 없다'는 생각이 만연한 것이다. 결국, 사람들은 자기와 관련 있는 일과 그렇지 않은 일에 따라 판단의 잣대를 달리하며 살아간다.

이런 이유로 사회에는 진정한 정의가 사라지고 집단 이기주의가 판을 치게 된다. 교육, 종교, 정치, 어떤 분야든 마찬가지다. 위기를 만났을 때도 장기적이고 근본적인 해결책보다는 그저 임시방편에 의존하며 하루살이처럼 살아간다.

'충성'의 '충(忠)' 자는 마음(心)에 중심(中)이 서 있는 것을 의미한다. 말과 행동이 일관되고 중심이 바로 서 있을 때 진정한 충성이 된다.

올바른 가치관은 누가 보고 있을 때와 그렇지 않을 때가 달라서는 안 된다. 이해관계가 있을 때와 없을 때의 판단이 같아야 한다.

지위의 높고 낮음, 학식의 유무, 부유함과 가난함과 상관없이 판단의 기준이 같아야 한다. 그것이 진정한 가치관이다.

때로는 하늘을 올려다보기도 하고, 앞을 내다보며, 함께 걸어가는 주변을 돌아보아야 한다. 그것이 비록 나에게 손해가 된다 하더라도 전체에게 도움이 된다면, 그것이 배려이며 바른 가치관이 있는 삶이다.

마음에 한이 많은 사람의 가치관은 편중되기 쉽다. 가난하게 자란 사람은 부유한 이들에 대한 반감을 갖기 쉽고, 교육을 받지 못한 사람은 배운 사람에 대한 불만을 품기도 한다. 키가 작은 사람은 큰 사람에 대해 콤플렉스를 갖기도 한다. 이런 사람들이 지도자가 된다면 사회는 쉽게 한쪽으로 기울어지게 된다.

오늘도 시간은 흘러간다. 하지만 편견을 내려놓고 혼자 있는 시간을 잘 관리하며 빈 시간을 의미 있게 보내야 한다. 얼마나 오래 살았느냐가 아니라 어떻게 살았느냐가 중요한 것이다.

무엇이 옳고 무엇이 그른지 판단할 수 있는 마음의 눈을 키워야 한다. 시류에 휩쓸리지 말고 물질에 매몰되지 말고, 권력 앞에 흔들리지 말며 먼저 속마음을 쉽게 드러내기보다는 중심을 지키며 묵묵히 바른 길을 가야 한다.

그렇게 살아도 세상은 살아갈 길이 있다.

말의 잠재력

　오래 전, 내가 다니던 회사에서 신입사원을 채용하는 면접이 있었다. 당시 사회는 한 정치인이 탑차에 돈을 싣고 고속도로 만남의 광장에서 정치 자금을 건넨 사건으로 떠들썩했다.
　면접관이 질문했다.
　"탑차에 돈을 실어 전달한 정치자금에 대해 어떻게 생각하십니까?"
　한 지원자가 대답했다.
　"예, 돈을 준 사람은 줄 만하니까 줬을 것이고, 받은 사람도 받을 만하니까 받았다고 생각합니다. 그 안에는 어떤 조건이 있었을 거라고 생각됩니다. 제 개인적인 생각으로는 적절한 행동은 아니라고 봅니다. 하지만 조직에서 저에게 그런 지시가 내려온다면, 저 역시 거절하기 어려울 것 같습니다."
　그는 최종 합격했고, 면접관으로부터 박수를 받았다. 당시로선 가장 현실적이고 솔직한 대답이었다. 사람은 이렇게 자신의 생각과 감정을 말로 표현한다. 그리고 그 말의 논리성과 조리성은 학교 성적보다 더 큰 신뢰와 호감을 주기도 한다.

옛날, 민촌(民村)의 장터에서 전해 내려오는 이야기가 있다. 홍길동이라는 나이 지긋한 백정이 푸줏간을 차렸다. 어느 날 젊은 두 양반이 고기를 사러 왔다. 그 중 한 명이 무례하게 말했다.

"어이, 길동아! 고기 한 근 다오."

"그러지요."

함께 온 다른 양반은 정중하게 말했다.

"홍 서방, 여기도 고기 한 근 주시게."

"예, 고맙습니다."

그런데 처음에 고기를 산 양반이 보니 자기 고기보다 옆 사람 고기 양이 훨씬 많아 보였다. 화가 난 그는 따졌다.

"야 이놈아, 똑같이 한 근인데 왜 저 사람 고기가 더 많냐!"

그러자 홍길동은 이렇게 답했다.

"손님 고기는 길동이가 자른 것이고, 이 어른 고기는 홍 서방이 자른 겁니다."

그 한마디에 분위기는 반전되었다. 존중하는 말 한 마디가 감동을 주고 결국 이익으로 돌아오는 예다. 우리는 일상에서 자신도 모르게 한 말 때문에 오해를 사거나 때로는 평생 감동을 주는 말을 하기도 한다.

"말 한마디가 천 냥 빚을 갚는다."는 말처럼 말은 사람을 울게도 하고 웃게도 한다. 오해로 하늘이 무너질 만큼의 억울한 감정을 겪기도 하고, 가슴이 터질 듯한 희열을 느끼기도 한다.

옛말에 "여자가 한을 품으면 오뉴월에도 서리가 내리고 남자가 열을 받으면 동지섣달에도 땀띠가 난다."고 했다. 그만큼 감정을 건드리는 말은 강력한 영향을 미친다.

　우리는 사회에서 혼자 살아갈 수 없다. 다른 사람과 협조하며 함께 이익을 추구하는 곳이 바로 사회다. 물론, 공동의 이익을 추구하면서도 나에게 조금이라도 더 유리한 것을 얻고자 한다. 많은 사람들은 그것을 능력이라 여긴다.

　그 과정에서 말의 위력은 절대적이다. 상대를 제압하거나 설득하기 위한 기술, 이른바 화술이란 것이 유행하게 된 이유다.

　하지만 말을 많이 한다고 능숙한 것은 아니다. 자신의 주관만 잔뜩 담은 긴 설명은 오히려 핵심을 흐리게 만든다. 상대와 분위기, 상황에 따라 말의 내용과 톤을 조절하며, 간결하고 명확하게 말할 줄 아는 사람이 더 큰 감동을 준다.

　한때는 서점가에 화술 관련 서적이 인기를 끌었던 시절도 있었다. 기업과 국가도 화술을 활용한 협상 전략을 구사한다. 화술에 심리전이 더해지면 계산된 말이 되고, 여기에 거짓 정보가 섞이면 그것은 사기가 된다.

　협상에서는 "내가 양보하면 상대도 양보하겠지"라는 생각은 금물이다. 협상의 고수들은 상생의 외양을 유지하면서도 자신의 속내는 감춘 채 심리전을 구사하며 집단의 실리를 추구한다. 국제무대에서 북한의 벼랑 끝 전술도 그런 예다. 아슬아슬해 보이지만 그들은 결국 목적을 이루는 경우가 많다.

　우리는 일상 속에서도 말의 위력을 늘 경험한다.

　"망할 놈", "두고 보자" 같은 원망의 말 "죽겠다", "안 돼" 같은 절망의 말, "넌 틀렸어", "이 웬수야" 같은 부정적인 말은 특히 아이들에게 치명적인 상처가 될 수 있다.

반대로 "그래 잘했어", "고생 많았지"와 같은 긍정적인 말, "우리 아들, 너는 우리 집 기둥이야", "우리 공주 얼굴만 예쁜 게 아니라 마음이 더 예쁘네."처럼 용기와 희망을 주는 말은 자녀에게 평생을 버틸 힘이 된다.

말이 있기에 인간은 짐승보다 낫다. 그러나 말을 바르게 하지 못하면 짐승보다 못한 사람이 되기도 한다. 조용하고 다정한 말 한마디는 사람의 마음을 움직이고 눈물을 자아낸다. 그렇게 감동받은 사람은 평생 좋은 감정을 간직하게 된다.

살다 보면 돈과 명예가 전부처럼 느껴지는 시기도 있지만, 시간이 지나면 결국 어떻게 바르게 사는가를 고민하게 되는 나이가 온다. 살아보니 세상에서 가장 아름다운 여자는 말을 예쁘게 하는 사람이었다.

균형 잡힌 자세

함께 유등천을 달리던 형님께서 요즘 발바닥에 염증이 생겨 걷지 못하고 계신다. 여든이 넘은 연세에도 늘 체력이 좋으셔서 운동이든 산행이든 언제나 나보다 앞서 이끄시던 분이다. 그런데 병원에서는 한 달간 움직이지 말고 조용히 지내야 한다고 하여 마치 동안거에 들어가신 듯 조용한 시간을 보내고 있다.

사람이라면 누구나 병 없이 오래 살기를 원한다. 건강을 지키기 위해선 편식하지 않고 고르게 섭취하는 음식과 적절한 운동이 필요하다고들 한다. 하지만 어떤 음식과 어떤 운동이 정말 몸에 유익한지는 시대의 흐름에 따라 조금씩 달라진다.

예전엔 인간이 채식 위주의 동물이라며 고기를 줄이고 채소 중심의 식단에서 건강을 찾아야 한다고 주장하는 이들도 있었다. 하지만 요즘은 생각이 다르다. 우리가 섭취하는 육류의 양은 서양처럼 주식 수준은 아니기 때문에 지나치게 걱정할 정도는 아니라는 견해도 있다.

최근 KBS2의 건강 프로그램 '위대한 밥상'에서는 토마토, 감자, 브

로콜리, 당근, 콩 등을 고루 섭취하는 것이 건강에 좋다고 소개했다. 그러나 일부 전문가들은 체형과 체질을 고려하지 않은 획일적인 식단이 오히려 독이 될 수 있다고 반박하기도 한다.

운동도 마찬가지다. 누구나 달리기가 건강에 좋다고 생각한다. 그래서 많은 이들이 오늘도 강변을 따라 땀을 흘린다. 그렇게 운동하다 보면 어느새 목표는 '마라톤 완주'가 되어, 42.195km에 도전하는 것이 하나의 꿈이 된다. 젊은 사람도 쉽지 않은 이 운동을 오십이 넘은 나이에 시도하는 일이 흔해졌다.

물론 꾸준한 운동은 건강 유지에 도움이 된다. 그러나 자기 체력에 맞지 않는 무리한 운동은 오히려 건강을 해치기도 한다. 때로는 쓰러지거나 오랫동안 후유증에 시달리는 경우도 생긴다. 중요한 것은 남을 따라 하거나 보여주기 위한 운동이 아니라 나에게 맞는 운동을 찾는 일이다.

사람이 오래 살기 위한 조건 중 하나는 균형 잡힌 몸과 자세라고 생각한다. 어떤 이는 타고난 체형이 있고 어떤 이는 살아가며 형성된 생활 습관 속에 체형이 만들어진다. 체형이란, 크고 작음보다도 균형에 있다. 상체가 지나치게 발달한 사람도 있고 몸에 비해 팔과 다리가 긴 경우 머리가 크고 목이 가는 경우도 있다.

이처럼 상하좌우로 불균형한 몸매는 몸의 기능에도 영향을 준다. 각 기관은 저마다의 역할을 가지고 있고, 서로의 기능을 보완하며 체계를 유지한다. 그러나 불균형이 생기면 어느 한 쪽에 무리가 가고, 이는 곧 전신의 균형을 무너뜨려 건강을 해치게 된다.

생활 속 습관 역시 체형에 영향을 미친다. 특정 부위만 자주 사용하는 운동은 그 부위만 발달하게 하고 쓰지 않는 부위는 점차 퇴화

된다. 오랜 시간 같은 자세와 동작을 반복하다 보면 어느새 체형은 변하고 그로 인해 몸의 균형도 흐트러진다. 식습관에 따른 체중 변화, 바르지 못한 자세, 중추신경에 가해지는 압박은 결국 몸의 가장 약한 부위에서 탈을 일으킨다.

 이럴 때는 자주 사용하는 부위는 이완시켜 주고 소홀했던 부위는 의식적으로 운동시켜야 한다. 그리고 무엇보다 생활 속에서 바른 자세를 유지하는 것이 건강한 체형을 만드는데 큰 도움이 된다.

 내게는 40년 전부터 이어져 온 병이 하나 있다. 젊은 시절부터 무릎 아래 장단지 부근 약 20cm 지점에서 저림 증상이 나타났다. 운동이나 산행을 하면 밤잠을 설치기 일쑤였고, 그렇다고 운동을 쉬면 또 밤에 몇 차례씩 잠에서 깨기 일쑤였다. 파스를 붙이고, 찜질을 하고, 마사지를 받기도 하고, 반신욕을 꾸준히 하기도 했다. 기회가 되면 가족들에게 다리를 주물러 달라고 부탁하기도 했다.

 한방병원과 정형외과를 오가며 약을 먹고 치료를 받았지만 별다른 호전 없이 40년을 그렇게 지내왔다. 퇴직 후 시작한 10km 건강달리기도 23회나 출전했지만, 이 증상 탓에 뛰는 것이 항상 고역이었다. 이번 겨울엔 색소폰을 끝내보겠다는 마음으로 하루 4시간씩 서서 연습을 하다 보니 장단지가 천근만근 무거웠다.

 얼마 전, 국선도 수련에 나갔을 때 원장님께 내 증상을 말씀드렸다. 누워보라고 하시더니 "불균형한 자세 때문에 중추신경이 압박을 받아 생기는 현상일 수도 있다"는 설명을 해주셨다.

 지압을 받고 교정을 받았다. 목 뒤쪽에서 교정을 받자 '뚝뚝' 소리가 났다. 약 30분쯤 지나자 장단지가 한결 가벼워졌다. 다음 날 아침까지 몸이 가볍더니 다시 색소폰 학원에서 4시간 서 있어도 이전 같은 통증이 느껴지지 않았다. 신기한 일이었다. 내 몸인데도 나조차 몰랐던 사실이었다.

바른 체형의 중요성과 운동의 역할을 새삼 깨닫는 순간이었다.

사람은 태어나 죽을 때까지 숨을 쉬며 산다. 어린 시절엔 배로 호흡하지만, 성장하며 고통과 고민을 만나면 점차 가슴으로 숨 쉬는 습관이 생긴다. 나이가 들어 일흔이 넘으면 어깨를 들썩이며 숨을 쉬고 숨이 턱까지 차오르면 결국 마지막을 향해 한 걸음 더 가까워지는 것이다.

오래 살고 싶다면 숨이 가슴까지 올라오지 않도록 억제하고 단전, 배로 고르게 호흡하는 습관을 들여야 한다. 옛 도인들이 단전으로 호흡했다고 하는 것도 바로 이 이유 때문이다. 또한 몸 구석구석을 체계적인 동작으로 이완시켜주는 운동이 필요하다. 단전호흡과 고요한 상태에서 수련을 하다 보면 상체가 있다는 것도 잊게 되고 깃털처럼 가벼워진다는 느낌을 받을 수 있다. 그렇게 운동을 하다 보면, 마치 내 몸이 내 것이 아닌 듯 가볍게 느껴지기도 한다.

이제 나이가 들어 유연성이 떨어져 바른 동작이 어려운 부분도 있지만, 땅에 머리를 대고 물구나무서서 '사랑해'라는 노래 한 곡을 부를 만큼은 내 몸이 버텨주니 참 대단한 일이 아닌가.

이 세상에서 가장 귀한 존재인 '나'를 위해, 나는 오늘도 가벼운 마음으로 바른 자세를 지키며 건강한 삶을 살아가려 노력한다.

바른 마음으로 세상을 바르게 보고
바르게 느끼며 살아가려 노력하고
내가 가는 길이 바른 길이 되도록
몸과 마음을 함께 가꿔야겠다.

자유인이 되어

사람이 마흔을 넘기면 '불혹(不惑)'이라 한다. 이는 삶의 경험을 통해 세상을 바라보는 눈이 생기고, 자신의 가치관에 따라 흔들림 없이 바르게 행동하라는 교훈에서 비롯된 말일 것이다. 하지만 이 말이 생긴 시기에는 인간의 평균 수명이 50세도 되지 않았으니 "이제 고작 10년밖에 남지 않은 인생에서 무엇을 더 바라겠는가?" 하는 자조 섞인 의미로도 들린다.

오늘날은 사정이 다르다. 식생활이 개선되고 의학이 발달했으며 혹은 자동차처럼 주행거리가 적으면 연식이 오래되어도 성능을 유지할 수 있는 것처럼, 생활의 기계화로 과중한 육체노동에서 벗어나며 수명이 길어지고 있다. 불과 100년 전과 비교해도 우리는 눈에 띄게 오래 산다.

이제 평균 수명은 70을 넘어 80에 가까워지고 있다. 회갑잔치는 사라진 지 오래고, 칠순도 가볍게 넘기며 팔순쯤 되어야 '잔치를 할 만 하다'는 말이 나온다. 이런 사회적 분위기는 인간 수명의 연장과 무관하지 않다.

현대의 마흔은 오히려 인생의 가장 바쁜 시기다. 치열한 경쟁 속에서 가족을 부양하고 자녀 교육비를 감당하며, 노후를 대비해 자산을 모아야 한다. 재물 앞에서 바르게 선다는 것이 얼마나 어려운 일인가. 그래서 요즘의 마흔을 '불혹'이라 부르기엔 어딘가 어색하다.

예전에는 딸이 열다섯 살만 넘으면 과년(瓜年)이라 하여 혼사를 걱정했지만 지금은 서른이 넘어도 결혼을 미루는 경우가 흔하다. 체력이 좋아지면서 오십이 넘은 이들도 마라톤 풀코스에 도전하고, 육십을 넘긴 이들이 평생교육원에 등록해 새로운 삶을 개척하는 시대다. 그런 흐름 속에서 보면, '불혹'은 이제 칠십이 넘어서야 어울리는 나이가 된 것 같다.

나는 일자리를 찾아 열정 하나로 30여 년을 전국을 떠돌며 살아왔다. 그리고 퇴직 후 자유인의 삶을 살아보니, '사는 것'이란 그리 대단한 일이 아니었다는 걸 느낀다.

직장에 다닐 때는 늘 남보다 뒤처지지 않기 위해 악착같이 살았고 경쟁에서 살아남기 위해 우월한 지위를 무기 삼아 겁 없이 달려들기도 했다.

"당신만 믿어"라는 사장님의 말에 "예, 사장님. 열심히 하겠습니다!"라고 충성맹세를 하며 살아왔고 그 속에서 삶의 희열을 느끼기도 했다. 그렇게 사는 것이 선택받은 삶이고 가장으로서 가족을 지키는 모습이라 여겼다. 하지만 지금, 그 모든 속박에서 벗어나 자유인의 시선으로 세상을 바라보니 "참 별것 아닌 일에 너무 많은 시간을 쏟으며 살았구나." 싶은 생각이 든다.

목표를 향해 달릴 때는 그 목표가 삶의 전부처럼 느껴진다. 하지만 막상 이루고 나면 그것 또한 별게 아니다.

재물도 마찬가지다. 손에 쥐기 전에는 모든 것을 가질 수 있을 것만 같지만, 막상 가져보면 또 다른 문제와 번뇌가 생긴다.

명예를 지키겠다며 할 짓, 안할 짓 다 하다가 끝내는 법정에 서는 모습을 보면 인간의 나약함이 얼마나 쉽게 무너질 수 있는지를 새삼 느끼게 된다.

남편으로, 아버지로, 인간으로 오랜 세월 닦아온 길이 하루 아침에 무너지는 것을 우리는 어렵지 않게 목격하게 된다.

나이가 들면 이런 일들이 한 발짝 물러서서 바라보는 풍경이 된다. 사는 것은 없으면 없는 대로, 있으면 있는 대로 욕심 없이 맞춰 살면 되는 것이다.

돈과 명예가 언젠가는 아이를 달래는 과자 부스러기처럼 느껴질 날이 온다. 그런 욕망을 내려놓고 마음을 비우면 가장 먼저 느끼는 행복은 오히려 해우소에서의 편안함처럼 아주 작고 사소한 기쁨이 된다.

사장이면 어떻고, 전무면 또 어떤가. 죽으면 모두 '현고학생부군(顯考學生府君)'이다.

직함은 더 이상 자랑거리가 되지 못하고, 알리는 사람도, 기억하는 이도 없다. 물론 세상인심에 섭섭함이 밀려오는 날도 있다. 마음을 다스리며 평정을 찾아보려 해도 울컥 올라오는 감정을 어찌지 못할 때도 있다.

어차피 인생은 콘도와 같다.

예약하고 찾아가 머무는 동안 편히 쉬고 추억을 만들고 시간이 다 되면 깨끗이 정리하고 떠나는 곳. 그곳은 내가 소유한 공간이 아니며, 잠시 머무는 임시의 집일뿐이다.

한평생 모은 재산이 내 이름으로 등기되어 있고, 통장에 든 돈이 내 실명으로 되어 있다고 해서 그것이 진짜 내 것이라고 착각한다. 그러나 결국 그 모든 것은 잠시 내가 관리하는 것에 불과하다. 내가 떠나면 다른 누군가의 이름으로 바뀌고, 다른 사람이 그것을 관리할 것이다. 하지만 사람들은 그것을 믿으려 하지 않는다.

수의에는 호주머니가 없건만, 죽는 날까지 조금이라도 더 모으려 애쓰며 정작 제대로 써 보지도 못한 채 떠나는 일이 얼마나 많은가.

이제 장성한 자녀들에게 살아가는 방법을 가르쳐 주었으니 욕심을 버리고 마음을 비우고, 그 자리에 사랑을 담아 이웃을 바라보며 살아야겠다. 그리고 이 세상에 태어나 누리고 쓴 모든 것들을 제자리에 돌려놓고, 그동안 내 삶을 있게 해준 사회에 감사하며 남은 시간엔 보람 있는 일을 찾아 살아야겠다.

일본인의 삶 속에는

1989년, 해외여행이 자유화된 지도 오래 되었다.

외화가 절실하던 시절, 우리 젊은이들은 서독의 숨 막히는 탄광에서 채탄 작업을 했고 말도 통하지 않는 병원에서 흰 가운을 입고 환자들을 돌보았다. 그 동생들은 목숨을 걸고 월남의 전쟁터로 향해 싸움의 이유조차 모른 채 정글을 누비었다. 전쟁터에서 살아 돌아온 그들은 다시 숨 쉬기조차 힘든 중동으로 향했고, 모래바람과 폭염을 견디며 열사의 땅에서 땀으로 일했다. 그렇게 어렵고 고된 환경 속에서도 달러로 받은 월급은 종잣돈이 되었고 그것이 곧 대한민국 경제 발전의 디딤돌이 되었다. 그 뒤안 길에 지도자의 결단과 젊은이들의 희생이 있었다.

그러한 노력의 결과로 국가는 성장했고 1988년에는 서울에서 올림픽이라는 국제대회를 성공적으로 개최하게 되었다. 우리는 그 경험을 통해 '하면 된다.'는 자신감을 얻게 되었고 정부는 한 발 더 나아가 외국인 국내 여행 자유화에 발맞추어 내국인에게도 해외여행의 문을 열었다.

그 후로 해외여행이 자유로워지면서, 지금은 1년에 1000만 명이 넘는 국민들이 해외를 다녀오고 있다. 세계 곳곳의 명소에는 모자를 쓰고 밝은 옷차림의 한국인들이 가이드 뒤를 따르는 행렬이 줄을 이었고, 세느강 유람선에서도 융프라우를 오르는 산악열차 안에서도 우리말 안내방송이 들린다.

특히 최근에는 한국과 일본을 오가는 여행객 수가 양국에서 거의 비슷한 수준에 이르렀다고 한다. 인구 차이를 감안하면 한국인이 일본을 더욱 자주 찾고 있는 셈이다.

일본에서는 평일에 자국민의 골프 수요가 부족해 운영이 어려운 골프장을 한국 관광객들이 채우기도 하고, 기념일이나 가족 여행, 심지어 학생들의 수학여행지로도 일본이 자주 선택된다. 역사적으로 충돌이 많았고 감정의 골이 깊었던 두 나라지만 삼국시대부터 임진왜란에 이르기까지 우리 조상들이 건너가 정착한 흔적이 곳곳에 남아 있다. 그들의 삶은 일본 땅 어딘가에 스며들어 일본인의 일상 속에도 우리의 피가 흐르고 있음을 느끼게 한다.

가보면 지리적으로도 가깝고, 음식도 다른 나라에 비해 익숙해 적응이 쉬워 자주 찾게 되는 이유가 된다.

지리적으로도 흥미롭다. 한국은 동쪽에 높은 산맥이 있고 서쪽으로 평야가 펼쳐지는 반면, 일본은 서쪽에 산맥이 있고 동쪽은 평야지대다. 먼 옛날부터 지각판의 이동으로 동해에서 충돌이 일어나 양국이 마주 보고 융기된 결과로 보인다.

일본은 여전히 지진의 위험에서 자유롭지 않지만 화산 활동이 활발했던 까닭에 화산재가 빗물에 씻겨 내려가며 동해안에 비옥한 평야를 만들었다. 지진으로 생긴 암반의 균열 때문에 수맥이 발달하고 지하수가 풍부하며 연간 강우량이 무려 2,400mm로 우리나라(약1,400mm)의 두 배 가까이 된다. 이로 인해 농작물 생육이 좋아 풍요로운 땅이 되었고, 이를 활용한 국민들의 삶도 안정적이다.

일본을 여행하며 느낀 점은 지구도 면적에 따라 자연스럽게 균형을 이루고 있다는 것이다. 한국에는 2,000m가 넘는 산이 드물지만, 일본에는 2,000m 이상의 산이 200여 개나 되고, 3,000m 이상되는 산도 30여 개가 넘는다. 그 산에는 삼나무 숲이 울창하고 나무 한 그루 값이 1억 원을 넘는 700년 넘은 고목도 흔하다. 반면 우리나라는 대부분이 자재로 쓰기 어려운 소나무나 잡목으로 덮여 있어, 그 기능은 산사태 방지와 산소 공급에 국한된 것이 안타깝다.

기후 변화로 우리나라도 아열대성 기후로 진입하고 있는 만큼, 해발 700m 이하 지역에서는 소나무를 보기 어려워 질 것이라고 한다. 이에 대비해 아열대 수종을 개발하고 자재로 활용할 수 있는 품종을 육성하는 정책도 이제는 산림청에서 본격적으로 검토해야 할 시점이다.

이번 여행 중, 일본 중학교 3학년 학생들의 수학여행 팀과 함께할 기회가 있었다. 단체로 이동하는 학생들이 대열에서 이탈하지 않고 교사의 지시에 잘 따르며, 산만하지 않고 질서정연하게 움직이는 모습이 인상 깊었다. 그들의 교육에는 "밖에 나가 남에게 피해를 주지 마라."는 기본 원칙이 자리하고 있다. 이는 좁은 공간에서 함께 살아가야 하는 일본 사회에서 가장 중요한 교양이기도 하다.

학생들의 손에는 스마트폰도, 디지털 카메라도 없었다. 모두가 일회용 카메라로 조심스럽게 사진을 찍고 있었고, 그것은 절약하는 가정교육의 산물이었다. 또 하나 인상 깊은 점은 수학여행 전 학교에서 공중도덕과 관람 예절, 유적지에 대한 역사적 배경이 담긴 책자를 나눠 준다는 것이었다. 학생들은 그 책자에 추가 정보를 꼼꼼히 기록하며 관광지를 돌아다녔다.

특히 인상 깊었던 것은 택시기사와 수학여행의 연결이었다. 일본의 택시 회사는 수학여행 기간 동안 요금을 할인해 5명의 학생을 태우고 기사들이 해설사 역할을 겸하는 시스템으로 운영하고 있었다. 이는 유동 인구가 적은 평일, 70세까지 일하는 사회 속에서 생계와 교육이 만나는 '상생의 구조'처럼 보였다.

거리를 걷다 보면 깨끗한 수돗물, 빽빽한 삼나무 숲, 친절한 시민들, 무단 주차가 없는 골목과 잘 지켜지는 교통질서가 인상 깊다. 도로에는 경찰이 없어도 과속하지 않고 좁은 차선에서도 차량은 부딪힘 없이 유유히 흘러간다. 경적 소리조차 들을 수 없는 조용한 교통문화는 감탄을 자아냈다.

시주는 절에만 하는 것이 아니고 스님에게도 하고 있어 인기 있는 스님의 연봉이 1억 엔이 넘는 경우도 있고 젊은이들이 선호하는 직업 중 '목수'가 포함되는 현실, 그리고 기술자를 존중해 성씨를 부여하고 평민 이상의 대우를 해왔던 전통이 오늘날 일본을 공업 강국으로 만든 기반이 아닐까 생각을 해 본다.

식당에서도 절약정신은 자연스럽게 녹아 있다. 남기지 않을 만큼만 차려진 음식, 음식물 쓰레기가 거의 없는 식탁. 우리나라 한정식처럼 남기는 문화와는 사뭇 다르다. 쓰레기통조차 찾아보기 힘든 거리에서 버리는 것이 쓰는 것보다 더 어려운 나라가 바로 일본이었다.

유럽에선 김의 맛을 모르고 일본인들은 자장면의 맛을 이해하지 못한다고 한다. 서로 다른 문화권 속에서 이질감을 갖고 살아가지만, 여행을 통해 좋은 문화를 배우고 우리의 삶에 접목시킨다면 그것이 곧 진정한 국제화이며 여행 자유화의 가치가 아닐까 생각해 본다.

트로트&엔카

　우리는 살아가며 기쁠 때나 슬플 때 마음속 감정을 노래로 풀어낸다. 누군가의 귀에 들리지 않는 혼잣말처럼 흥얼거리기도 하고, 장단에 맞춰 구수하게 부르기도 하며 때로는 여럿이 감정을 모아 한 목소리로 노래를 하기도 한다.
　그런데 우리가 즐겨 부르는 노래 중, 정서 깊은 감정을 가장 잘 담아내는 장르가 있음에도 이를 자랑스럽게 여기지 못하는 현실이 아쉽다. 바로 트로트다.
　국악은 오랜 세월 전해져 내려온 우리의 전통 음악이지만 일상 속에서 쉽게 다가가기엔 여전히 거리가 있다. 반면, 근대에 들어와 대중의 삶 속에 깊이 자리 잡은 트로트와 발라드는 우리 생활에 익숙하다. 발라드는 서양에서 건너온 음악이지만 젊은이들의 감성에 자연스럽게 녹아들며 사랑을 받고 있다. 하지만 시간이 지나 나이가 들수록 그들의 마음도 점차 트로트에 끌리게 된다.
　통계로도 이를 알 수가 있다. 시장에서 트로트 음반은 여타 장르보다 꾸준히 잘 팔리고 트로트 가수의 활동 수명도 길다. 이는 우리 국민이 트로트를 사랑하고 있다는 명백한 증거다.

그럼에도 불구하고, '뽕짝'이라는 별명과 함께 서자 취급을 받는 트로트는 여전히 고개를 숙여야 하는 현실이다. 음악을 전공한 이들조차 트로트를 외면한다. 학식이 있거나 지위가 높은 이들이 겉으로는 오페라나 발라드를 운운하며 고상한 척하지만 술 한 잔이 들어가고 흥이 오르면 정작 그들이 마이크를 잡고 부르는 건 언제나 트로트였다. 그것은 아마도 트로트의 리듬 속에 우리가 살아온 인생의 굴곡, 우리 정서가 그대로 녹아 있기 때문일 것이다.

한때, 군부가 집권하던 제3공화국 시절엔 트로트가 왜색이 짙다 하여 정책적으로 배제되기도 했다. 국악만을 보호하려 했던 당시의 방향은 오히려 대중과 음악 사이의 간극을 더 벌려 놓았다. 음악을 전공한 이들은 이 불합리함을 개선하고 국민에게 진실을 알릴 책무가 있었지만 각자의 생계 앞에서 그저 침묵할 수밖에 없었다. 그렇게 밤 골목을 헤매며 떨어진 동전을 줍듯 조용히 살아갈 뿐이었다.

우리 민족은 본래 노래와 음악을 사랑해온 민족이다. 몇 날 며칠을 노래했다는 기록이 역사서에 남아 있을 정도다. 최근의 노래방 문화 또한 우리가 만들어낸 독특한 문화다. 특히 노래방 기기와 반주기의 개발은 세계적으로도 주목받을 만하다.

지구 반대편, 우리나라를 잘 모르는 남미의 사람들도 우리의 전통 가요와 사물놀이를 들으면 반응이 뜨겁다. 작은 나라에서 5천 년의 역사를 지닌 단일 민족이 대표하는 음악이 있다는 사실에 경이로움을 느낀다고 한다.

과거에는 606, 707, 909와 같은 반주기가 너무 비싸 일반인은 쉽게 접할 수 없었다. 그러나 이제는 IT산업의 발전 덕분에 노트북 하나에 1만5천 곡 이상의 악보가 저장되어 언제 어디서나 노래를 즐길 수 있는 시대가 되었다. 한국에서 개발된 이 반주기는 중남미의 음악가들이 꿈꾸는 반주기다. 입문하는 사람에게는 반주기 가격도 50만원선으로 대중화되어 음악을 사랑하는 이들에게 큰 기쁨이 되고 있다.

트로트는 우리의 정서가 담긴 소리요, 삶이 녹아든 리듬이다. 천박하다는 낡은 인식을 벗고, 이제는 당당히 우리의 음악으로 품어야 할 때다.

우리가 무심코 쓰는 '딴따라'라는 말의 어원은 100여 년 전으로 거슬러 올라간다. 유랑극단이 전국을 돌며 공연하던 시절, 공연을 알리기 위해 트럼펫과 북을 들고 동네를 누비며 연주했던 리듬 "딴따다 딴따, 딴따다 딴다"가 사람들의 귀에 익숙해지며 결국 이들을 '딴따라'라 부르게 된 것이다. 음악과 예술에 몸담은 이들을 낮춰 부르는 이 말은 그렇게 세월을 타고 지금까지 전해져 내려오고 있다.

또 하나 흥미로운 말이 있다. 우리가 노래방에서 "내 18번이야"라고 말할 때의 '18번'이란 표현이 있다. 이 역시 유랑극단에서 유래된 말로 공연 순서 중 18번째 무대가 극단을 대표하는 주요 공연이었던 데서 비롯되었다고 한다. 그래서 지금은 누군가가 자신있게 부를 수 있는 노래를 '18번'이라고 부르게 된 것이다. 한편, 예전에는 아쟁을 연주하며 돈을 벌던 사람을 '풍각쟁이'라 불렀고 시간이 흐르면서 음악을 하는 사람 전반을 지칭하는 말이 되었다.

우리 정서 깊숙이 자리 잡은 트로트는 참 묘한 위치에 있다. 일본에서는 "엔카의 원조는 한국의 트로트다."라고 말하는데, 정작 우리는 트로트를 왜색 가요라 치부하며 스스로 낮추는 모순된 태도를 보인다. '트롯', '트로트', '도롯도'라는 명칭은 영어 'trot'에서 비롯되어 한국과 일본에서 각기 다르게 발음된 결과다.

일본 엔카의 창시자로 알려진 고가 마사오(古賀政男)는 일본에서 태어났지만, 네 살 무렵 우리나라로 건너와 인천에서 어린 시절을 보내고 서울 선린상고를 졸업했다. 한국일보 창립자이자 국무총리를 지낸 장기영 씨와는 동기이며 그의 이름은 지금도 선린상고 제15회 졸업생 명단에 남아 있다. 학교에는 그가 기증한 시계탑이 여전히 남아 세월을 증언하고 있다.

음악에 유난히 관심이 많던 그는 '황성옛터'를 작곡한 전기린 씨의 옆집에서 자라며 자연스레 한국 전통음악에 영향을 받았다. 구전으로 전해지던 전통 음악을 악보로 기록한 몇 안 되는 인물 중 하나였으며 청진동에 있던 하숙집 근처 기생집에 들러 당대 최고의 기생들이 부르던 노래를 연구하고 기록하기도 했다. 그가 받아들인 '꿍짜자 꿍짜'라는 리듬은 고수의 북소리에서 착안한 것이고, 비음과 두음, 복식호흡에서 비롯된 창법은 국악에서 유래한 것이다.

고가 마사오 씨는 이후 일본으로 건너가 체계적으로 음악을 공부하고 수많은 엔카를 작곡하며 이름을 알렸다. 1930년, '술은 눈물인가 탄식인가'라는 노래로 큰 인기를 얻게 되는데, 흥미롭게도 이 곡은 우리나라 백제시대의 궁중음악인 '정읍사'의 리듬과 흡사하다는 이야기도 있다. 일부에서는 정읍사를 도용한 것 아니냐는 주장을 하지만 그보다는 한국에서 자란 그의 성장 환경이 자연스럽게 한국의 음악 정서를 반영했다고 보는 것이 더 온당할 것이다.

이처럼 트로트가 한국인에게 사랑받는 이유는 그 리듬과 호흡이 우리 민족의 정서와 너무도 잘 맞아떨어지기 때문이다. 일본의 엔카

역시 한국에서 성장한 고가 마사오의 손에서 태어난 만큼 "엔카의 원조는 한국이다"라는 말도 결코 과장된 표현은 아니다.

그렇다면 트로트와 엔카의 뿌리는 결국 한국에 있다고 말할 수 있다. 이 같은 역사적 사실을 체계적으로 정리하고 알리는 일은 우리 음악인들의 몫이다. 그러나 지금 그 책임은 소홀히 다뤄지고 있고 이 무관심은 어쩐지 우리를 쓸쓸하게 만든다.

김치의 종주국은 분명 우리나라다. 그러나 이를 국제적인 상품으로 규격화하고 세계화한 것은 일본이다. 임진왜란 당시, 남원의 도공 심수관과 그 일행이 일본으로 끌려가 천민이었던 신분에서 중간계급으로 대우받으며 장려된 결과, 그들의 기술은 일본 도예를 대표하는 문화로 자리 잡게 되었다. 이 과정을 그저 일본의 약삭빠른 전략으로만 치부하기에 앞서 우리는 우리 스스로의 무지와 안일함을 돌아봐야 한다. 목소리를 높이고 상대를 비방한다고 해서 우리가 놓쳐버린 소중한 것을 되찾을 수는 없는 일이다.

실제로 우리는 트로트를 생활 속에서 즐기면서도 왜색이 짙다며 애써 외면하려는 태도를 보이곤 한다. 숨소리 하나, 리듬 하나까지 우리의 정서가 배어 있는 음악인데도 우리는 그 주인 자리를 스스로 외면해왔다. 아이러니하게도 일본은 "엔카의 원조는 한국"이라 인정하는 반면, 우리는 오히려 트로트를 일본 가요라 치부하며 업신여기기 일쑤다. 그 사실을 떠올리면 왠지 모를 쓸쓸함이 밀려온다. 마치 우리는 늘 지는 싸움만을 반복하는 것 같고, 일이 끝난 후에야 허둥지둥 뒷북만 치는 듯한 허탈함이 마음을 적신다.

색소폰을 연주하는 방식은 연주자에 따라 다양하다. 하지만 트로트를 연주할 때는 원곡의 감성을 최대한 충실하게 살리는 것이 중요하다. 발라드는 삶의 이야기를 조곤조곤 들려주는 것처럼 부드럽게 연주해야 한다. 저음에서는 서브톤, 고음에서는 클린톤으로 표현하며 소리는 최대한 절제해 담백하게 내야 한다. 텅잉, 비브라토, 벤딩, 후두두 등 다양한 기교가 더해져야만 트로트의 다채로운 감정을 '천의 소리'로 풀어낼 수 있다. 아직 내 입은 그 경지에 이르지 못했지만, 귀는 열려 있다. 그래서 오늘도 학원의 문을 향해 발걸음을 옮긴다.

그렇게 색소폰을 메고 살아온 지 어느덧 20년. 이 글은 그동안 주위 들은 이야기들을 하나씩 엮어 써내려간 것이다. 이제라도 정신을 차리고, 잃어버린 우리 것을 다시 찾아 자랑으로 삼으며 살아가야겠다는 다짐을 해본다. 다행히 모 방송국에서 일본 엔카와 한국의 트롯 대결이 우리들의 관심을 가지며 한국과 일본 국민들의 정서를 같이하며 가까워지기를 기대한다.

'저 자식'이란 이름

시장(市長)이 관내에 있는 유치원을 방문하게 되었다.
유치원 원장이 시장을 유치원생들에게 소개한다.
"여러분! 이 분은 우리 시를 위해 큰일을 하시는 시장님이십니다. 귀한 분이 우리 유치원에 오셨는데 모두 환영의 박수를 쳐야지요."
짝짝 짝짝
"여러분, 혹시 여기 시장님의 성함을 아시는 분 있습니까?"라고 원장이 학생들에게 물었다.
"예!" 하고 한 학생이 손을 번쩍 들었다.
"저 자식입니다."
당황한 원장이 "어떻게 그런 말을 할 수 있느냐?"고 꾸짖으니 "우리 아버지가 텔레비전을 보다 저 아저씨가 나오시면 '저 자식' 하고 말하면서 다른 방송으로 돌리거든요."라고 대답하는 것이었다.
누가 말했는지 모르지만 웃자고 하는 말인데 예사롭게 들리지 않는다.
나도 누군가에게 저 자식이라는 소리를 듣고 살아온 것은 아닌가 반문해 본다.

생활인으로 살면서 회사의 이익을 위하여 우월적 직위에서 쏟아낸 말 한마디가 마음의 상처로 남아 있을 사람도 있고, 때로는 궤도를 이탈한 우주선처럼 샛길로 빠져 방황한 적도 있기 때문이다.

중학교에 들어가자 3월에 장티푸스라는 전염병이 돌았다. 우리말로 염병이라고도 하는데 고열과 설사가 동반하는 질병이다. 장티푸스에 걸렸으나 시골이라서 병원에 입원도 못하고 끓인 물만 먹고 버티다 몸이 좀 나아져서 학교에 나가보니, 영어는 아주 멀리 도망가 있었고 혼자 알파벳을 외우며 쫓아가려니 어려움이 많아 한평생 영어에 발목이 잡혀 숨죽이고 살아야 했다.

중학교 입학까지는 좋은 성적으로 들어갔는데 왜 성적이 떨어지느냐고 선생님으로부터 많은 꾸중을 들었는데 결국 수업이 끝나고 통학열차를 기다리는 동안 만화가게에서 세월을 보냈으니 수업 진도는 영영 따라갈 수가 없었다. 성적이 중 하위권으로 떨어져 가니 주변에서는 원인도 모르고 '저 자식'이라는 소리를 했을 것 같다.

집안 어른들은 선생님이란 직업을 동경했는지 고등학교를 인근에 교대와 사대가 있는 곳으로 가라 했다. 막상 가보니 어찌나 텃세가 심한지 덩치가 큰 나는 휴식시간에 화장실도 못가고 버텨야 했다.

저녁이면 하숙집으로 몰려오는 텃밭 잡초들 때문에 사범대학 체육과 학생들과 함께 하숙을 하고 그 잡초와 대항하기 위해 태권도를 배우니 공부는 한참 멀리질 수밖에 없었다. 지금도 사회적 문제가 되는 왕따와 학교에서의 폭력이 당시에도 대단했다.

1학년을 고생하며 태권도를 배워 나를 힘들게 한 그 친구들을 찾아다니며 복수를 하고 다녔다.

3학년에 올라오니 담임선생님이 내년부터 예비고사가 생기는데 이번에 대학엘 들어가지 못하면 촌놈은 영원히 대학에 들어갈 수 없으니 열심히 공부하라는 말에 3학년 여름부터 벼락치기 공부를 하여 대학에 들어가 배운 전공이 직업으로 이어졌다.
  학교를 졸업하고 직장을 얻어 촌놈이 서울사람들과 경쟁하여 내 자리 유지하려면 성실할 수밖에 없었다. 다른 사람보다 일찍 나오고 늦게 퇴근하며 하루도 쉬는 날 없이 근무하다 윗사람의 눈에 들었으나 아부와 예의를 혼돈하며 처세하다보니 그 또한 문제였다.
  사회에서 처세의 기본인 술자리는 언제나 질펀하게 마셔야 하는데 술을 못하니 개밥에 도토리였다. 유머 감각과 잡소리에도 능하지 못하니 인기도 없고, 하는 소리라는 것이 도덕선생님 같은 이야기만 하니 옆지기들이 웃을 수밖에 없는 일이었다.
  명예를 찾아 정신줄 놓고 쫓아가는 사람과 술수에 능한 사람을 능멸하고, 그러면서도 자신은 제도적 조건으로 무장하려 들지도 않고 회사에 돈만 벌어주어 사주의 총애를 받는 충견으로 책임자까지 올라갔지만 격에 맞는 행동이 아니었음을 나는 알고 있다.
  많은 사람들이 좋아하는 울타리 안에 들어가 그들의 도움으로 자리를 확보하려 들지도 않고 인민군 앞가슴에 주렁주렁 매달린 훈장이 얼굴에 매달린 혹처럼 느껴져 나를 소개하는 자리에서 갔다 붙이는 수식어를 싫어했다. 그러니 다른 사람들이 삐딱하게 보일 수밖에 없는 일이었다.
  그 속에서도 지가 무슨 고고한 척 하는 저 자식이란 놈이 되지는 않았을까? 내가 나를 생각해도 참 알 수 없는 나다.
  학교에서 배운 밑천으로 30년을 울궈먹다 이제는 다른 세상을 경험하며 산다고 색소폰, 서각, 글쓰기, 밥 로스로 이모작을 진행 중이지만 좋지 않는 시선으로 바라보는 사람도 있는 것 같다.

주변 사람들에게 피해 끼치지 않고 내 하고 싶은 일 하며 산다고 노후를 설계했지만, 이 또한 보는 이에게 저 자식이라는 것으로 보여지지 않을런지…

젊었을 때 무슨 콤플렉스가 있어 노년에 정신없이 사느냐고 말하는 사람도 있다.

나이 들며 '저 자식'이란 소리를 넘어 '개자녀' 소리까지 듣고 사는 사람들이 많으니 세상은 참 요지경 속인 것 같다.

전조증상

바람이 분다. 살랑이는 바람에도 낙엽이 우수수 떨어진다. 그 낙엽들이 길 위에서 중심을 잃고 무리 지어 몰려다닌다. 봄여름 가을 땅 속에서 부지런히 수분을 빨아들여 영양분을 공급받아 성장을 하다가 가을이 오면 나이테 하나 건졌다는 흐뭇함에 황홀한 모습을 보여주며 지내다 사라진다.

겨울이 오니 모든 잎을 떨구고 나목(裸木)으로 서서 겨울잠에 들어간다. 추위 때문에 얼어 죽지 않고 내년을 기약하며 내 몸을 지키기 위해 하는 자구책이었다. 이것이 나무가 이 시절에 보여 주는 만추(晩秋)의 모습이다. 기저질환(基底疾患, underlying disease)을 앓고 있는 나이 든 노인에게는 더욱 마음 쓰리게 다가오는 계절이다.

목욕탕에 들어가 홀딱 벗은 뒷모습을 보면 궁둥이가 축 쳐진 사람을 보게 된다. 70세를 넘긴 사람들의 모습이다. 평소에 운동을 해서 궁둥이를 치켜 올려 놓아야 하는데 한번 처지면 추켜세우기가 불가능한 일이 된다. 아무리 노력해도 젊었을 적 탱탱한 궁둥이로 못 돌아가니 이것이 우리네 삶이다.

피부는 윤기를 잃어가고, 몸에서는 각질이 떨어진다. 얼굴에는 골이 패어 살아온 흔적들이 담겨 있고, 무성했던 검은 머리카락은 어디서부터 도망을 갔는지 흰 살이 보인다. 몇 개 안 남은 것마저 파뿌리처럼 하얗게 변해간다.

　입안에 있는 건강했던 치아도 가을이 오면 밤송이에서 밤이 떠나가듯 이가 빠지고, 보철로 가득 채워진다. 목은 성형외과 의사도 손을 못 대는 상황이다. 목줄이 튀어나와 닭 목이 되어가다 미역줄기로 진전되면 그나마 남아 있던 조그만 희망마저 사라진다. 이때부터 멍 때리기가 시작된다.

　말이 우둔해지고, 하고 싶은 말과 입에서 튀어 나오는 말이 다르다. 옛날 기억은 조금 남아 있는데 최근 기억들이 잘 모르겠다. 항상 입안에서 언어들이 버벅거린다. 지금까지 잘 몰고 다니던 자동차 1종 면허가 시력이 떨어져 재발급이 안 되는 경우도 생긴다.

　아침에 일어나면 몸이 개운하지가 않다. 한참 몽둥이로 얻어맞은 것처럼 몸이 나른하고 구석구석에서 삐걱거리는 소리가 들려 온다. 물론 약봉지에는 많은 약들이 들어 있어 내 몸을 지탱해 준다. 각방 쓰는 아내의 숨소리가 궁금해서 잠을 자다 확인하러 찾아가 보기도 한다. 잠을 자다 자주 깨면 TV를 켜고 비몽사몽으로 보게 된다. 이때 상대의 잠을 방해하지 않기 위해 각방을 쓰는데 이것도 좋은 일은 아니었다.

　의료보험이 잘 되어 병원을 찾으면 진찰료가 1,500원이다. 세계 어디를 가 봐도 우리나라처럼 의료보험이 잘 되어 있는 나라는 없다. 몸에 이상함을 느껴 내 건강을 지켜주는 주치의에게 말하면, 대부분 나이 드셔서 생기는 것이라고 말한다. 두려운 것은 내 몸이 아파서 일어나는 현상인지 아니면 나이가 드니 다른 사람과 똑같이 일어나는 현상인지 헷깔린 경우가 많다는 점이다. 2년마다 의료보험에서 주기적으로 건강 검진을 하니 어지간한 병은 찾아내지만 의료보험 수가에 들어있지 않은 검사는 안 해 주니 자기가 알아서 첨가하여 검사를 받아야 한다.

지금 우리나라 의료 수준은 병명만 알고 일찍 발견한다면 못 고치는 병이 없을 정도다. 그만큼 의료 수준은 세계적이다. 옛날에는 인명은 재천이라 했지만 지금은 건강검진이 내 생명을 지켜준다. 물론 배우자의 알뜰한 보살핌이 내 건강을 지키는데 절대적이지만….

75세를 건강하게 넘기면 90세 넘기기는 거뜬하다고 한다. 모두 100세를 희망하지만 가는 분은 하늘나라로 가고 있었다. 보통 70세가 넘어 병원을 찾으면 몸에 이상한 부위가 나타나기 시작한다. 이 때부터 내가 부모님으로부터 받은 신체 부위 중에서 장기 하나씩 병원에 반납하고 와야 되는 경우가 생긴다.

이해가 안 가는 것, 장기 중에 제거해도 살아가는데 이상이 없는 장기들이 있다. 맹장이 그렇고 담낭이 그렇다. 왜 싱거운 농담을 잘 하는 사람을 쓸개 빠진 넘이라고 하는지 몰라도 주변에는 쓸개 없는 사람이 건강하게 지내는 경우를 볼 수가 있다. 요즘 사람들의 자문역을 맡고 있는 테스형에게 물어보고 싶다. 없어도 되는 장기를 왜 주셨는지. 조물주는 필요하니까 인간에게 장기를 주셨겠지만 이해가 안 간다. 옛날 엔진 룸이 썰렁했던 현대 자동차에서 만든 포니 1이 생각이 난다.

우리를 힘들게 하는 것은 내 몸에 나타나고 있는 현상이 우연이 아님을 알게 되는 경우다. 병원에 가서 병에 걸렸다는 것을 알았을 때 이미 늦었다는 것을 알게 된다. 그동안 몸에서 보내주는 이상한 징후가 전해져 왔는데, 우리는 노인들에게 일어나는 보편적인 현상으로 생각하고 무시했던 것이다

주변 지인 중에 자기 몸을 열심히 관리하는 분이 있었다. 몸 관리 하나는 철저하게 하는 분이었다. 혈압도 정상이고, 당뇨도 없고, 고지혈도 없으며 담배도 안 피우고, 술도 안 마시는 78세 된 신체 나이가 건강한 분이었다.

몸무게가 1kg만 늘어도 식사량을 조절하고 운동 강도를 높였다. 칫솔도 7개를 사용하며 하루에 4번씩 이를 닦았다. 그런 분이 아침에 일어나지를 않는 것이다. 누워 있으면서 반응이 없어 팔을 흔드니 힘이 없다.

119를 불러 병원에 가서 확인하니 뇌졸중이 온 것이다. 혈전이 뇌의 핏줄을 막은 것인데 혈전을 제거하는데 필요한 골든타임이 3-4시간이라 하는데 불행하게도 뇌졸중이 초저녁에 와서 혼자 말도 못 하고 긴 밤을 새워 지금은 회복을 해도 후유증이 클 것이라는 것이다. 그래서 나이가 들면 부부가 같이 자야 하는 이유다

지나고 보니 그분의 과거 일상에서 이상한 점이 있었다. 얼굴이 창백해지고 멀미가 나서 버스를 타지 못하고 기차를 타야 했으며, 커피 잔을 들면 힘이 없어 잔을 놓쳐 깨뜨리는 일이 많이 있었다는 것이다.

평소에 잘 느끼지 못했지만 부정맥 증상이 있었다고 한다. 자신이 건강하다는 자신감에 대수롭지 않게 생각하며 지나쳤는지도 모른다. 이것이 몸이 전해 주는 전조증상이었는데 몰랐던 것이다.

터널이 붕괴 될 때는 사전에 천정에서 잔돌들이 떨어진다. 이것을

이슬이 내린다고 한다. 본 공사를 하기 위해 설치하는 가시설에서 강재에서 총을 쏘는 것처럼 큰 소리가 들리면 그것은 압(壓)이 걸려 힘을 이겨 내지 못하고 연결부에 볼트가 뿌러지거나 용접부가 찢어지는 현상인 것이다. 그곳만 찾아 보강하면 된다.

  산사태가 날 때는 바람이 안 불어도 나무가 많이 흔들린다. 이런 것이 자연재해가 발생하기 전에 나타나는 전조 증상이다. 이런 점을 잘 파악하여 대비하면 큰 재앙은 피할 수가 있었다.

  사람도 마찬가지다. 몸에서 전해 오는 전조 증상을 빨리 알아차려 자주 가는 병원 주치의와 상의하면 큰 화는 면할 수가 있다. 나의 수명은 하느님에게 있는 것이 아니고 주기적으로 건강검진 잘 받고 하루 무심코 먹는 식습관에서 병이 찾아오고 불건전한 생활 습관이 몸을 병들게 한다.

  그래서 마음은 편하게 유지하고 스트레스를 받지 않게 노력하며 먹는 것은 옛날 머슴들이 즐겨 먹던 거친 음식으로 길들이고 자기 몸을 통제 관리하는 의지력이 있어야 무병장수 하지 않을까 생각을 해 본다.

망경(望京) 체류기

망경(望京)은 북경 시 외곽의 제3순환도로와 4순환도로 사이에 북동쪽에 자리하고 있으며 중국식 발음으로 왕징이라고 불리고 있었다. 그러니 북경의 도심지에서 약간 비켜선 외곽지대인 것이다. 우리나라로 하면 수원 정도가 아닐까 생각한다.

망경은 북경공항에서 27km 떨어져 있어 우리나라에서 접근성이 좋고 신흥도시로 계획된 도시여서 주거환경이 좋아 시민들이 선호한다고 한다. 북경에서 올림픽이 열리기 전에는 북경 시내가 집값이 비싸 이곳으로 이사 오게 되었지만 지금은 북경보다도 더 집값이 올랐다고 한다.

2011년 중국사회과학원 발표에 의하면 총인구 15만 명 중 한민족이 3만 명이 살고 있어 자연스럽게 한인 타운이 형성되기도 하였다고 하니, 지금은 그보다 더 많은 한민족이 살고 있을 것 같았다.

우리나라 기업이 중국에 많이 진출한 곳도 이곳이고, 한국인이 많이 들어오니 통역이 필요했을 것이다. 이에 따라 영변에 있는 조선족도 유입되었을 것이며 또한 북한 주민들도 이곳에 많이 거주하고 있어 자연적으로 한인 타운이 형성되지 않았을까 생각해 본다. 대표적인 것이 평양 옥류관이 이곳에 있다는 사실이다.

망경은 중국에서 주목 받았던 지역은 아닌 것 같다. 망경은 청나라 때 흙더미로 이루어진 산으로 건륭제가 산에 올라가 북경을 바라보니 동직문(東直門)의 성루가 보여 이 지역을 망경(望京)이라고 불렸다는 설이 전해오고 있다. 역사적 기록에 나타나는 것을 보면 영·불 연합군이 북경으로 쳐들어온다는 소식에 서태후가 여름 별장인 이화원에 피신 중이었는데 이때 불타는 왕궁을 왕징에서 바라보고 탄식했다는 기록이 전해질 뿐이다.

한국인들이 이 망경에 몰리게 된 이유는 1997년경 외환위기 시절 한국 기업들이 한국을 떠나 일본인이 경영하던 이곳 현지 공장들을 인수하게 되고 북경에 거주하던 한국유학생들이 집 값이 비싸 생활비가 오르니 이곳으로 유입되기 시작했다고 한다.

이후 한국 경기도 좋아지고 망경 시내 환경도 올림픽에 편승하여 좋아지다 보니, 유학생 그리고 상사 주재원 등이 찾아왔다. 이렇게 되어 한국인을 위한 상가까지 합세해서 한인 타운으로 자리 매김하게 되었다고 전한다.

필자가 망경을 찾아오게 된 것은 패키지 여행으로 온 것이 아니고 형제 중 막내가 이곳 현지 공장 책임자로 근무하고 있었기 때문이다. 임기가 끝나기 전에 한번 방문하자고 해서 시간이 허락하는 형제들이 이곳을 찾아온 것이다.

지금의 망경은 15년 전에 찾아온 중국의 북경과는 비교할 수 없을 정도로 발전된 모습이었다. 그때는 처음으로 북경을 찾았는데 거리 풍경이 너무나 어색하여 우리나라 60년대를 보는 것 같아 실망하기도 했던 기억이 난다.

도로는 차도와 자전거 전용도로가 병행하여 운행하고 있었는데 예전에 자전거 도로는 지금의 베트남 도로처럼 자전거 행렬이 꼬리를 물고 이어졌으며, 차도를 달리는 시내버스는 에어컨이 안 들어와 여름인데도 창문을 열고 다니고 있었다. 북경은 세계 여러 나라 수도 중에서 살기가 제일 불편한 수도이기도 한데 말이다. 분지로 되어 있어 봄에는 황사와 매연이 뒤덮여 있고, 여름에는 무더우며, 겨울에는 추워서 고생을 많이 하는 곳이 북경이었다. 당시 북경의 특이한 모습은 버스를 몰고 있는 기사가 웃옷을 벗고 내복도 안 입은 채 나신으로 연신 담배를 물고 차를 운전하고 있었다는 기억이 떠오를 뿐이다.

지금 망경의 자전거 도로에는 자전거는 보이지 않고, 자전거 도로에 승용차들이 주차하고 있었다. 커버를 씌운 것을 보니 장기 주차도 하는가 보다. 이곳은 아파트를 분양을 할 때 지하 주차장을 만드는데, 지하 주차장도 별도 분양을 한다고 한다. 능력에 따라 두 개 세 개도 분양이 가능하며, 그것은 지정석이 되어 다른 사람이 주차할 수 없다고 한다.

주차장을 확보하지 못한 사람은 결국 자전거 도로에 주정차를 한다 하니 잘못된 정책인 것 같다. 일본은 주차장 확보 확인서가 있어야 자동차를 구입할 수 있는 조건과 상반되는 상황이었다.

이곳 아파트 단지는 무척이나 여유롭다. 단지 내에 호수도 있고 광장도 있어서 편리하다. 단지 내 운동시설도 있고 산책 코스도 있어 운동하기에는 적합한 단지였다. 중국 사람들도 4자를 싫어해서 4층, 14층, 24층이 층을 표시하는 엘리베이터에서 빠져 있다. 우리보다 4

자에 대한 거부감이 더 많은 것 같았다. 그러니까 30층 아파트라면 실제로는 27층인 것이다. 아파트가 담으로 둘러 쌓여 별도로 정문과 후문이 있고 그곳에 경비실이 있다. 아파트 동에는 센서가 부착되어 출입자를 관리하고 있었다.

집안 모습은 우리와 사뭇 달랐다. 출입문을 열고 방으로 들어가면 출입구와 방과는 턱이 있고 왼쪽으로는 신발장이 있는 것이 우리 아파트 집안 모습인데, 이곳은 턱도 없고 신발장도 보이지 않았다. 바닥은 대리석으로 깔려 있는데 그들은 실내에서 신을 신고 생활하고 있다는 이야기가 된다.

집값은 어찌나 비싼지 평수는 모르겠지만 투룸인데, 더구나 아파트 34층 꼭대기인데 가격은 15억 정도에 월세가 200만원이라고 한다. 이 아파트는 회사에서 임대하여 사택으로 기거하고 있지만 개인이라면 엄청난 부담이 아닐 수 없다. 여기에 중국 젊은이들의 고민이 있을 것 같다.

뉴욕 맨해튼의 집 월세가 투룸의 경우 450만원으로 일 년 10개월 선불인 것에 비하면 약한 편이지만, 이곳 젊은이들은 직장을 다녀 집을 구하는 것을 포기하고 살아야 될 것 같아서다. 여기에도 금수저가 발생하고 있었다.

중국이 인구 억제 정책으로 한 자녀 갖기 운동을 벌여 대부분 자식이 하나이고 보니, 양가 부모로부터 물려받는 집이 매력적이라고 한다. 공산주의 특징은 똑같이 일하고 소득을 평등 분배하는 것인데, 그들은 노력 없이 월 4백만 원 수입이 생기면서 품위 있게 살 수 있는 방법이 있었기 때문이다.

그동안 중국인들이 제일 좋아하고 인정받는 직업이 군인이라는데

37년 장교로 근무하다 퇴직한 사람의 연금액은 일반인의 4배이니 군인 퇴직자의 자녀들은 일은 안하고 부모의 재산을 쫓아 결혼 상대자를 찾는 모습이 보이니, 그들도 돈의 위력을 실감하며 부를 만끽하고 있는 것 같았다.

여유가 생기니 입는 옷도 유행 따라 찾아 입게 되고, 먹걸이도 맛있는 것을 찾다보니 길거리 음식도 다양해졌음을 느낄 수가 있었다.

동생 집 근처에 10분 걸어서 '평양 옥류관' 식당이 있어 찾아가 봤다. 간판도 화려하다. 10명이 앉을 수 있는 테이블이 20개 정도가 되는 큰 식당이었다. 한 쪽으로는 무대가 있고 무대 앞에 테이블이 놓여 있는데 식사를 하다 보니 공연이 시작되었다. 그런데 출연진이 따로 있는 것아 아니고, 홀에서 서빙하던 여자들이 무대 의상으로 갈아입고 무대에 오른다. 사회자 없이 순서가 진행되는데 북한식 창법의 노래와 악기 연주였다. 우리나라 60년대 말에 보는 공연 같았다. 그러나 그들의 노래 실력과 연주 능력은 좋았다는 생각이 든다.

음식 맛은 담백하고 훌륭했다. 조미료에 맛 들린 우리 입맛을 유혹하는데 충분했다. 많은 재료가 첨가 되지 않은 것 같은데 맛은 좋았다. 좋은 음식에 술을 빼 놓을 수 없어 백두산 들쭉술을 찾으니 한국 돈으로 술 한 병에 5만원을 받는다. 비싼 편이다. 마지막으로 평양 옥류관 냉면이 나왔다. 한국에서 먹어 본 냉면에 맛이 길들여져 그런지 특별한 평양냉면 맛을 느끼지 못했다.

전체적 식사 분위기는 좋았다. 12명이 먹었는데 15만원이 나왔다. 한국 음식 값으로는 착한 편이고 망경의 음식 값으로는 비싼 편이라고 한다. 뒤에 북경 오리고기를 먹었을 때도 비슷한 가격이었다. 이곳에서는 오리 뼈를 좋아해서 집에 가서 먹을 수 있게 요리를 해서 주고 있었다.

저번 일본 아오모리를 갔을 때 먹어 본 스시 값이 한국의 음식 값과 별 차이가 없으니 우리나라 식탁의 음식 값이 얼마나 비싼 편인지 실감을 하게 된다. 왠지 평양 옥류관에서 혼자 화장실에 가는 것이 두려웠다. "동무, 이리 와 보라우!" 할 것 같아서다.

평양 옥류관 식당을 나오고 보니 팁을 한 테이블에 만원을 주고 와야 한다는데 그냥 나와서 미안한 감이 들기도 했다.

우리나라에서는 10년이면 강산이 변한다는 속담도 있는데 중국에서 15년은 천지가 개벽하고 있었다. 그들의 생활 속에서 돈 냄새가 나고 사람들의 모습도 세련되었으며 좋은 집에서 우아하게 살고 있었다. 일 년에 몇 번은 한국에 와서 남대문과 백화점을 돌며 의류와 화장품을 구입하여 돌아가는 것이 낙이었다.

그들이 한류에 빠져 들고 옷과 화장품에 반해 언제까지 한국을 찾아올까 하는 의문이 들지만, 우리는 그들이 보내 주는 저가상품에 현혹되어 생활비를 잡는 데 활용하였다. 그들의 실상은 이미 우리를 앞서 가고 있다는 것을 느낀 여행이었다.

물론 이번 망경에 체류하는 동안 잠은 동생 집을 이용했지만 많은 곳을 관광하였다.

체류기간 본 곳 중에 망경에서 3시간 거리의 중국식 민속촌은 그들의 옛 것을 보여주는 면이 있어 새로웠다. 그 중에 특히 중국식 술 빚는 모습과 단조로운 우리나라 자연 물감 채색과 다르게 다양한 무늬를 보여주는 그들의 자연색 입히기 기술도 경이로웠다.

만리장성을 뒷 배경으로 야경의 불빛은 환상적이었다.

도로의 노면 평탄성과 교통 흐름 관리는 국력과 비례한다고 하는

데 망경의 도로 노면 관리는 상위 수준이었다.

무섭게 변해가는 중국의 국력을 보는 것 같았다. 우린 정신 바짝 차려야 하는데 현실은 밝기만 하지 않으니 걱정이다.

지금은 동생이 진급하여 본사로 들어왔다.

항상 막내로 어리게만 보인 동생이 당당하게 자기 길을 걸어가는 모습을 보며 망경(望京)을 생각해 보는 기회를 가졌다.

화냥년보다 못한 사람들

우리가 생활하면서 사용하는 말도 세월에 따라 변하는 것을 알 수 있다. 얼마 전까지만 해도 쓰이던 단어가 어느 순간 사라지고, 또 다른 신조어가 생겨 유행처럼 번져가는 모습을 쉽게 볼 수 있다.

항상 옆에서 내 편을 들어준다고 해서 '여편네'라 불리기도 하고, 옆에 있을 때는 내 편이지만 밖에 나가면 남의 편이 된다며 농담 삼아 남편을 풀이하기도 한다.

'뒷간'은 배설의 쾌감을 느끼며 후문으로 보낸다는 뜻으로 '애주머니'는 아이를 품는 주머니라는 의미에서, '애저씨'는 아기 씨앗을 지녔다는 뜻에서 유래했다.

'주일학교'라는 말도 1940년대에 생겼고, '오빠'라는 단어는 1900년대 초에 등장했으며, '단발머리 미장원'은 1920년경에, '깡패'라는 말은 1953년경에 생겨났다. '깡패'라는 단어가 등장하기 전까지는 왈짜, 건달, 주먹신사, 협객이라 불렀다.

1950년대 초, 조병옥과 장택상이 장충단에서 시국 강연을 할 때 김두한이 강연 질서를 맡고 있었다. 그런데 이때 유지광 패거리들이

깡통을 차며 난동을 부리는 일이 벌어졌고 이 사건을 계기로 '깡패'라는 신조어가 탄생했다.

'화냥년'은 병자호란 당시 청나라로 끌려갔다가 돌아온 여인들을 가리키는 말이다.

강점기에는 전쟁터로 끌려간 여성을 '위안부'라 불렀다. 그러나 이들은 본인의 음탕함이나 잘못된 행동 때문이 아니었다. 여성을 지키지 못한 가족과 사회 그리고 국가의 책임이 더 컸다. 힘없는 약소국가의 국민이 겪어야 했던 불행이었다. 평소 남자관계가 복잡한 여성을 비난할 때 '화냥년'이라는 표현을 쓰고, 버릇없는 젊은이를 '호로자식'이라 부르기도 하지만 우리는 이 말들에 담긴 역사를 제대로 알고 있을까.

1636년, 북방 후금은 국호를 '청'으로 바꾸고 인접 국가를 괴롭히기 시작했다. 조선과는 정묘약조를 통해 형제 관계를 유지해왔지만 청은 이를 폐기하고 군신관계를 요구하며 곡식, 말, 군사 3만 명을 지원하라고 압박했다. 조선이 이를 거부하자, 청은 12만 대군을 이끌고 침략하여 병자호란을 일으켰다.

당시 조선은 국가 방비에 소홀했고 결국 인조는 남한산성으로 피신해 1만 3천 명의 인원으로 청군에 맞섰다. 그러나 45일 만에 항복하고 말았다.

인조는 청에 목숨을 구걸하며 군신관계를 맺었다. 소현세자와 봉림대군, 척화론을 주장한 신하들, 그리고 약 40만 명에 달하는 여인들이 청나라로 끌려갔다. 이 숫자는 결코 작은 규모가 아니다. 지금 대전시 젊은 여성과 맞먹는 숫자다.

전쟁이 끝났다고 해서 모든 문제가 해결된 것은 아니었다. 조선 내부는 청나라에 끌려간 딸과 아내 문제로 큰 혼란에 빠졌다. 인조는 청나라에 여인들을 돌려보내 달라고 요청했으나 청은 거액의 몸값을 요구했다. 결국 국력으로 감당할 수 없었던 조선은 국민 개개인이 알아서 돈을 주고 가족을 데려오도록 했다. 이렇게 몸값을 지불하고 돌아온 여인들을 '환향녀(還鄕女)'라 불렀다.

그러나 이들은 청나라에서 성적 노예로 전락해 있었고 일부는 임신해 돌아오기도 했다. 이때 태어난 아이들을 '호래자식'이라 불렀다.

환향녀와 호래자식은 가정과 사회에서 외면당했고 천한 사람으로 살아가야 했다. 환향녀는 점차 '화냥년'으로 불리며 멸시받았다. 아이러니하게도 서민들은 청에 끌려갔다 돌아온 가족을 받아들였지만, 양반가에서는 가문의 수치로 여기며 배척했다.

예나 지금이나 책임 있는 자리에 있는 사람이 제 역할을 다하지 못하면 무고한 백성이 피해를 본다.

당시 왕과 신하들은 국가 안보를 소홀히 했고 국제 정세를 제대로 읽지 못한 채 방심하다 전쟁을 불러왔다. 전쟁이 터지자 왕은 목숨을 구하려고 도망쳤고 양반들은 가족을 버리고 강 건너 불구경했다. 국가도 지키지 못하고 가정도 지키지 못한 채 힘없는 여인들만 청나라로 끌려가 노리개가 되는 수모를 당했다. 하지만 전쟁 책임은 묻지 않은 채, 오히려 끌려간 여인들에게만 비난이 집중된 것은 참으로 가슴 아픈 일이다. 이것이야말로 한국 남성 사회의 부끄러운 자화상이다.

해방 이후 80여 년이 지난 지금도 일본 대사관 앞에서 매일 이어지는 위안부 시위, 두만강 강변에서 단돈 4만 8천 원에 중국에 팔려가는 북한 여성들의 현실을 보면 변변치 못한 힘과 무력한 상황은 여전하다.

  자기 백성 하나 지키지 못했던 한심한 인조처럼 오늘날에도 화냥년보다 더 못한 국가 지도자들은 국민에게 끝없는 고통을 안겨주고 있다. 그래서 우리는 강단 있고 지혜로운 지도자를 갈망한다. 이것이 이 시대 우리 모두의 간절한 소망이 아닐까 생각된다.

부(富)의 대물림

　세상을 살아가면서 열심히 노력하여 부자가 된 사람을 우리는 '자수성가'했다고 부른다. 자본주의 사회에서 그 사람이 흘린 땀과 걸어온 삶의 발자취는 성공으로 느껴진다. 반면, 부모로부터 많은 재산을 물려받아 오래도록 유지한 경우에 대해서는 대수롭지 않게 여기는 경향이 있다. 하지만 물려받은 재산도 지킬 능력이 부족하다면, 오히려 지키는 것이 더 어려운 일일 수 있다.
　우리에게 전해 내려오는 속담에 "부자는 3대를 못 간다."는 말이 있다.
　부자 1세대는 근면하고 성실하다. 절약을 생활신조로 삼고 일하는 것을 취미처럼 여긴다. 그러나 자신이 번 돈을 제대로 쓰지 못하는 경우가 많다.
　2세대는 부모가 고생해서 모은 돈이라는 사실을 알고 자랐다. 그 영향으로 절약하며 살아가지만 돈을 쓸 때는 기분 좋게 쓸 줄도 안다. 부자가 되어 여유로운 환경에서 자란 2세대 며느리는 자식을 키울 때 굳이 고생시킬 필요가 없다고 여기며 키운다. 이때 잘못된 경제적 가치관이 자식에게 심어지기 시작한다.

3세대는 돈으로 눈에 보이는 즐거움만을 쫓으며 살아간다. 돈은 늘 곁에 있는 것이라 여기며 그 소중함을 잊는다. 땀 흘려 번 돈의 의미를 모른 채, 욕심을 앞세우고 쉽게 살아가려다 실패를 맛본다. 결국 "부자는 3대를 못 간다."는 말이 여기서 나온 듯하다.

기업도 마찬가지다. 정부가 정책적으로 킹콩처럼 키운 기업도 경쟁력을 키우지 못하면 부도를 면치 못했다. 창업 2세대들의 무분별한 사업 확장, 남의 돈을 자기 돈처럼 여긴 오만함, 문어발식 확장을 하다 외환위기 앞에 무릎 꿇고 하늘을 쳐다봐야 했던 일이 현실이었다.

결국 우리나라도 기업 평균 수명이 20년을 넘기지 못하는 나라가 되었다. 50년 전 우리나라를 이끌던 30대 기업 중, 오늘날까지 남아 있는 곳은 하나도 없다.

그렇다면 앞으로 30년 뒤 지금의 30대 기업들이 여전히 살아남아 있을 것이라는 보장도 없는 셈이다.

재물 위에 앉아 마음을 놓고 방심하면 그 재물조차 지키기 어려운 시대다. 세상의 부침(浮沈) 주기는 점점 더 빨라지고 있다.

그런데 믿기 힘든 사실이 있다. 일본에는 1,430년을 이어온 기업이 존재한다는 것이다. 백제 장인들이 서기 578년 일본으로 건너가 세운 건설회사 곤고구미(金剛組)가 바로 그 주인공이다. 영국 시사주간지 『이코노미스트』는 곤고구미를 세계에서 가장 오래된 기업이라고 소개했다.

곤고구미는 일본 쇼토쿠(聖德) 태자 때, 백제에서 초청된 세 명의 기술자가 창업한 회사다. 그들이 건립한 사천왕사(四天王寺)는 지금도 오사카에 남아 있다.

곤고구미는 이후 사찰 건축과 오피스빌딩, 아파트 건설을 주력 사업으로 이어왔다. 회사의 홈페이지에는 '창업 1400년'이라는 문구가 적혀 있었다. 그러나 25년 전, 주택경기 침체로 부도를 맞아 오사카의 한 건설업체에 흡수되어 아쉽게도 역사 속으로 사라지고 말았다.

우리나라에도 비슷한 사례가 있다. 한 해 곡식 수확량이 만석을 넘는 부자가 300년을 이어온 경우 바로 경주 최씨 가문이다. 이들은 부를 오래 지킬 수 있었던 이유가 명확했다. 가훈처럼 내려오는 불문율이 있었기 때문이다.

풍년이 들 때는 잔여 수확량을 이웃과 나눴고 가뭄이 들 때는 소작농이 굶어 죽지 않도록 했다. 또 가뭄이 들 때 농토를 사들이지 않았고 며느리를 들일 때는 2년 동안 무명옷만 입게 했다.

그렇게 근검하고 검소한 생활을 가훈으로 삼았기에 300년을 이어올 수 있었다. 결국 그 재산은 청구대학(현재 영남대)의 설립 종자돈으로 전용되었고 교육을 위해 쓰였다.

돈은 참으로 중요한 것이다. "돈이 인생의 전부가 아니다."라는 말은 자주 듣지만 자본주의 시대를 살아가는 우리에게는 현실과 동떨어진 말처럼 들릴 때가 많다.

세상 사람들은 "사람은 태어날 때 먹을 것을 가지고 태어난다."고 말하지만 그것은 노력 없이 이루어질 수 없는 일이다. 돈은 사람을 사람답게 살게 하고, 인격과 자존심을 지켜주는 힘이 되기도 한다. 큰 꿈을 가진 사람에게는 큰돈이 필요하고 작은 꿈을 가진 사람에게는 그에 맞는 돈이 필요하다. 자신의 꿈을 실현하기 위해서라도 돈은 절대적으로 중요하다. 그러나 감당할 수 없을 만큼 많은 돈은 오히려 자식들이 스스로 살아갈 힘을 잃게 만든다. 부모의 재산에 기대어 쉽게 살아가려는 버릇을 키워버린다.

관리 능력이 없는 자식에게 많은 돈을 남기면 돈은 사라지고 자식도 타락하는 비극이 남을 뿐이다.

돈은 중요한 것이다. 하지만 나 자신을 지켜줄 만큼의 돈이면 충분하다. 자식에게 필요한 돈은 그들이 검소한 생활을 통해 스스로 벌게 해야 한다. 아니, 자식이 돈에 대한 철학과 가치관을 세우고 재물 앞에서도 중심을 잡을 수 있도록 키워야 한다.

돈은 버는 것도 어렵지만 지키는 것은 더 어렵다. 삶은 항상 긴장하고 검소하게 살아야 한다. 그리고 언젠가 빌 게이츠처럼 번 돈을 어려운 사람들을 위해 나누며 살아야 세상이 조금은 따뜻한 온동(溫洞)이 될 것이다.

의식 개혁

　세상을 살아가면서 힘이 들더라도 웃으며 살아야 한다.
　어떻게 사는 것이 잘 사는 것인지, 때때로 아리송할 때가 있지만 힘들다고 해서 풀이 죽어 살 필요는 없다. 어려운 일도, 기쁜 일도 모두 지나가는 것이다. 그래서 우리는 현실에 너무 집착하지 말고 살았으면 좋겠다.
　우리에게 희망과 행복을 안겨주는 김연아 선수의 몸짓처럼 인생도 그렇게 유연하게 대처하며 살 수 있으면 좋겠는데, 우리 삶은 마치 로마시대 전사처럼 완전군장을 하고 장검을 높이든 채, 앞으로 돌진만 해야 하는 모습으로 살아가고 있는 것 같다.
　하나의 생각에 똘똘 뭉쳐 굳어진 마음과 육체는 석회석처럼 단단해져 다른 생각을 받아들이지 못한다. 마치 내 생각이 이 세상에서 가장 옳은 것인 양 착각하며 고집을 부린다. 상대방의 생각을 이해하려는 노력은 하지 않고 오히려 내 생각을 주입해 상대의 생각을 바꾸려고 한다.
　그런 삶 속에서 독선과 아집이 자라나고 세상을 부정적으로 바라보며 마치 철학자라도 된 것처럼 세상을 어렵게 살고 있는 것은 아닐까. 우리가 꿈꾸는 삶의 목적은 결국 '행복'이다.

행복이란 작은 것에도 마음이 미소 지을 때 오는 것인데 많은 사람들은 가진 것에 비례한다고 착각한다. 그래서 명예와 재화를 쌓는 데 평생을 바친다. 그러나 얼마를 모아야 만족할 수 있는지 정작 그들은 알지 못한다.

세상을 살면서 부자가 만족하는 모습을 본 적이 있는가? 모으는 데도 만족을 모르는 사람들이 있고 돈 버는 데 자신이 없으면 괜히 엉뚱한 말로 스스로를 합리화한다. 그러나 그렇게 살아가면 자신뿐 아니라 가족과 주변 사람들까지 힘들게 만든다.

나폴레옹이 전장에서 네잎클로버를 꺾으려 땅에 머리를 숙였을 때, 머리 위로 총알이 스쳐갔다고 한다. 이때부터 네잎클로버는 '행운'의 꽃말을 갖게 되었다. 하지만 클로버의 주력부대는 세잎클로버다. 그 꽃말은 '행복'이다.

행운보다도, 행복이 자연 속에 널리 퍼져 있다는 사실을 우리는 잊고 산다. 게다가 clover라는 단어에서 울타리를 벗겨내면 love가 된다. 마치 행복 속에는 사랑이 함께 있어야 한다는 암시처럼.

시간은 기사가 말을 타고 달리는 모습을 창틈 사이로 보는 것처럼 빠르게 흐른다. 나이가 들수록 그 속도는 더욱 빨라진다. 그렇게 빠른 시간 속을 살면서 시간을 제대로 관리하지 못해 우리는 지치고 실패하고 넘어지며 힘들어한다. 어떤 이는 오뚝이처럼 다시 일어나 꿈을 향해 달려가지만 어떤 이는 걸림돌에 넘어져 다시 일어나지 못하고 힘겨워한다. 때로는 자연이 인간에게만 재앙을 주는 것 같아 '신은 정말 있는 걸까?' 하고 묻고 싶어진다.

어쩌면 인간이 자연의 주인이라 착각하며 살아온 교만에 대한 벌인지도 모른다. 살아가며 나도 모르게 잘못 알고 살아가는 것은 아닐까, 생각해본다.

우리는 식욕도 지나치게 많다. 미식가도 아닌데 전국 방방곡곡 맛집을 찾아다니며 먹는 일에 열중한다. 한식당의 정식 상에는 손도 대지 않는 반찬이 수두룩하다. 남은 음식은 그대로 버려지니 엄청난 낭비가 되고 만다.

예전의 한약은 몸에 부족한 기운을 보충해주는 것이었지만, 지금은 영양 과잉에서 오는 병을 다스리는 쪽으로 바뀌었다. 예전 이론이 오늘날 병에 제대로 적용되는지 의문스럽다.

또한, 우리는 너무 많은 것을 알려고 한다.

어차피 40세를 넘으면 지식의 평준화가 이루어진다는 것이 현실인데도 말이다. 옛날에는 천자문만 배워도 세상의 이치를 아는 것처럼 여겨졌다. 논어·맹자·사서삼경을 읽으면 유식한 사람대접을 받았다.

그때는 활자도 크고 호롱불 아래서도 느긋하게 글을 읽으며 느림의 미학을 체험할 수 있었다. 그러나 지금은 '빨리빨리'가 생활화되어 지식은 넘쳐나지만 가족 먹고사는 문제조차 해결하기 힘든 시대가 되어버렸다.

아는 것은 많고 현실은 따라주지 않으니 불만은 늘어나고 삶은 더욱 조급해진다.

또 하나, 문제는 자식에 대한 맹목적 사랑이다. 우리 부모들은 자식이 권력과 부를 갖기를 바란다. 그러나 정작 자식을 바르게 키우는 방법은 가르치지 않는다. 옳고 그름을 구분하는 법, 해야 할 일과 해서는 안 될 일을 가르치지 않고 그저 대학을 보내려고만 한다. 잘못된 것들을 보여주며 자식이 잘되기만을 기대한다.

그러다 자식이 기대에 못 미치면 머리가 복잡해진다. 실은 세상이 복잡한 게 아니라, 머리가 복잡한 것이다. 우리는 가족의 모든 능력을 모아 자식에게 쏟아 붓지만 정작 자식은 혼자 자립할 힘을 키우지 못한다. 그래서 늙은 부모를 돌볼 여력이 없어 결국 국가보고 책임지라고 요구한다.

이 시대의 아픔은 여기에 있다. 옳고 그름도 적성도 따지지 않고, 모두가 남들 따라 무작정 몰려가다가 지쳐 넘어지고 일어날 힘조차 잃고 마는 것이다.

최근 세태를 보면, 문과에서는 고시로, 이과에서는 의대나 한의대로 향하는 것이 공식처럼 되어버렸다. 그러나 현실은 고달프다.

매일 아픈 사람을 만나고, 억울함을 호소하는 사람과 씨름해야 한다. 45세 이후 과학자들이 불안하게 살아가는 모습을 보며, 공학도들도 의대나 한의대 편입을 고민하는 상황이다.

정부는 이제라도 이공계 청년들에게 희망과 확신을 줄 수 있는 정책을 보여주어야 한다. 아직도 곳곳에 'OOO 사법고시 합격'이라는 현수막이 걸리지만 실상은 사법연수원을 졸업하고도 취직하지 못한 이들이 많다. 취직한 사람들조차 초봉이 이공계 졸업자보다 못한 경우도 많다.

이런 현실 속에서 사회는 서서히 변혁을 준비하고 있는 것 같다. 솜씨 있는 사람이 대우받는 시대, 특히 손재주가 뛰어난 사람은 학벌과 관계없이 존중받는 시대가 올 것이다.

삶을 여유롭게 즐기고 작업이 끝난 후 색소폰을 불고 시를 읊을 수 있는 그런 삶, 그것이야말로 자연스럽고 인간다운 삶이 아닐까 생각한다.

지금은 모두가 쓰나미처럼 한 방향으로 몰려가고 있지만 머지않아 후회하는 이들도 생길 것이다.

우리나라 고등학교 졸업생 중 84%가 대학에 진학한다고 한다. 속마음은 남들보다 편하게 살아보려는 것이지만 모두가 그렇게 생각하니 경쟁은 치열해지고 삶은 더 힘들어졌다. 머지않아, 이탈리아처럼 솜씨 있는 직업인이 대우받는 사회가 오리라 믿는다.

세상의 흐름을 읽고, 생각도 빠르게 전환해 적응해야 한다. 그러나 우리는 항상 굼뜨게 반응했다. 이쯤 되면 교육부도 한가해질 것이다. 대학 입학 전형도 정리되고 사교육비 걱정도 덜어질 것이다. 그렇게 우리 모두가 행복의 본질에 더 가까이 다가갈 수 있을 것이다.

"돈이 인생의 전부가 아니다."

작은 것에 만족하고 여유를 즐기며 쿠바 사람들처럼 자연스럽게 살아가는 시대가 오길 기대해본다. 너무 앞서 간 생각일까. 지식인이 모두 지성인은 아니듯 많이 안다고 행복한 것도 아닌 것 같다. 찬바람이 불고 하늘이 높아지니, 마음도 구름 위로 두둥실 올라가 이런 생각을 해본다.

힘들어도, 그날을 기대하며 우리 웃으며 삽시다.

글지이

　내가 글을 쓰기 시작한 것은 그리 오래된 일이 아니다. 바쁜 건설 현장에서 글을 쓴다는 것 자체가 어려운 일이었다. 필드에서 뛰었기에 글을 쓸 시간도, 여유도 없었고, 글을 써볼 글구멍도 없었다. 어려서부터 인문학 서적이나 문학 서적을 가까이할 기회도, 그런 취미도 없었다. 그저 생각 없이 운동만 즐기며 젊은 시절을 보냈다.
　늦게서야 '글을 써봐야겠다.'는 생각이 들었을 때 나는 글쓰기에 대한 기본이 전혀 되어 있지 않다는 걸 깨달았다. 그동안 문법도 띄어쓰기도 많이 바뀌었고 어휘 감각도 형편없었다. 그러니 우리말 구사도 버거웠고 시골 아궁이에서 불을 지피던 투박한 부지깽이처럼 서툴고 거친 글을 쓰고 있었다.
　시나 수필, 소설 속 문장을 읽다 보면, 시어(詩語)나 문학적 표현이 마음에 와 닿지 않았다. 그런 분위기에 몰입하여 글을 쓴다는 것도 쉽지 않았다.
　내가 글을 쓰기 시작한 데에는 몇 가지 이유가 있었다.
　첫째, 내 직업인 건설업이 사회로부터 제대로 인정받지 못하고 부정적인 이미지가 강하다는 점이 아쉬웠다. 기술자의 눈으로 본 세상을 제대로 알리고 싶었다.

둘째, 자식들이 성장하면서 아버지의 경험을 통해 사회를 보는 눈을 키워주고 싶었다. 말로 전하는 것보다 글로 남기는 것이 더 효과적일 것 같았다.

이런 생각에 젖어 있을 무렵, 나에게 자연스럽게 글을 쓸 기회가 다가왔다. 1985년쯤, 직장 화장실에 '오늘의 명언'이라는 글귀가 걸리기 시작한 것이다. 당시는 대부분 고서(古書)에서 나온 명언들이었는데 현실감이 떨어져 현대 감각에 맞는 글귀를 찾아 메모하고 타이핑해서 올리기 시작했다.

공사가 마무리될 무렵, 타이핑을 도와주던 여직원이 말했다.

"소장님, 지금까지 모아놓은 글을 인쇄해서 직원들과 나눠 가지면 좋겠어요."

그래서 그동안 모은 글을 편집해 A4 80쪽 분량으로 묶고, 200부를 인쇄해 직원들과 지인들에게 나누어 주었다. 뜻밖에 반응이 좋았다.

그 반응에 힘을 얻어, 꾸준히 글을 모아 『삶의 시방서 1111』이라는 책을 출간하게 되었다.

'시방서(示方書)'는 건설현장에서 기술자들이 반드시 따라야 하는 지침서다. 자재 규격, 설계 기준, 시공 방법 등을 자세히 기록한 일종의 법전이다.

『삶의 시방서 1111』은 사람이 살아가면서 지켜야 할 모범적 처세안을 담아내려고 노력했다. 직장생활을 하면서 이 책을 선물하면 나를 바라보는 사람들의 눈빛이 달라지는 것을 느낄 수 있었다. 하지만 이 책을 가장 많이 읽어주기를 바랐던 사람은 다름 아닌 나의 딸과 아들이었다. 사회생활을 시작하는 자식들에게 도움을 주기 위해서다. 어쩌면 이 책은 문학적 가치보다 삶 속에서 발품 팔아 얻은 지혜를 모아낸 결과물이었다.

아들이 군대에 가 있는동안 나는 매주 일요일마다 편지를 써서 월요일에 부쳤다. 바쁜 군 생활이니 답장은 하지 말고 그저 아버지의 편지를 잘 읽어주길 바랬다. 아버지가 아들에게 하고 싶은 이야기를 편지로 써 보낸 것이다.

아들이 제대하기 전, 짐을 택배로 부쳐왔는데 그 안에는 2년 동안 보낸 내 편지가 오롯이 담겨 있었다. 버리지 않고 모아 보낸 아들이 고마웠다. 그 편지들을 모아 『소똥 위에 홍시』라는 책을 냈다.

지금 아들은 자신이 학교 다닐 때 꿈꿨던 1순위 직장에 합격해 일하고 있다. 대리까지 승진하는 동안, 아들이 겪어야 했던 심적 갈등과 올바른 직장생활과 처세를 담아 『살아보니 어때』라는 책을 쓰게 되었다. 그때 강조했던 것은 단 하나 "모든 사고는 한 직급 위의 입장에서 생각하고 행동하라"는 것이었다.

그 후에도 『그려』, 『하고집이』 그리고 이번 『희안한 수상록』까지 총 여섯 권의 책을 쓸 수 있었다.

다행히 아들은 내 마음을 잘 읽어주었다. 나는 아버지로서 큰 보람을 느끼고 있다.

아들은 지금, 전쟁 중인 팔레스타인 지역에서도 자신의 업무를 책임감 있게 수행하고 있다. 나 역시, 이제 아들에게 더 할 말은 없다. 그는 자신만의 경험과 색깔로 훌륭한 리더로 성장해 나갈 것이다.

이번에 출간하는 『희안한 수상록』은 '살아보니 웃고 사는 것이 잘 사는 것'이라는 메시지를 전하고 싶은 글이다. 아마 이 책이 마지막이 될 것 같다. 내가 글쓰는 목적을 모두 이루었기 때문이다.

내가 보고 듣고 느낀 것들이 내 안에 가치관으로 자리 잡고 그 가치관이 이끄는 대로 행동하며 걸어가는 뒷모습이 아름다워지기를 바란다.

갑오경장 이후 서양 문화가 들어오면서 시, 수필, 소설 등으로 글쓰기 분야가 세분화되었다. 그러나 그 이전에는 '글지이'라는 순 우리말로 글쓰기를 표현했다.

『두시언해』 초간본에도 훈민정음을 근간으로 한 '글지이'라는 표현이 나온다.

내가 쓴 글은 수필이라기보다는 삶을 적은 투박한 '글지이'일 뿐이다.

나는 작가도 수필가도 아니다.

그저 글지이로 글을 써 왔다고 생각한다.

아들이 내 글을 잘 읽어주어 그저 고마울 뿐이다.

마 색깔 있는 사람들

일을 처리하는데 여러 가지 방법이 있다.
그러나 궁극적인 목표는 같다.
최소한의 인원과 비용으로 최대한의 결과를 이루어내는 일이다.
이를 위해서는 인간미 있게 상대를 설득할 줄 알아야 하고
상하 관계가 아닌 '우리'라는 개념도 심어줘야 한다.
조직이 지나치게 경직되면 입을 닫게 되고
너무 가족적이면 질서를 잃는다.
적당한 '밀당'이 필요하다.
사장은 무엇이든 할 수 있다는 능력을 보여주고, 믿음을 줘야 한다.
큰형님처럼 선봉에 서서 보여주고 리드해야 한다.
그 능력이 자연스럽게 '색깔'로 드러날 때
비로소 성공의 반열에 오를 수 있다.
그래야 나를 대신해 그들이 기꺼이 일을 해준다.

꿈을 꾼 사람들

　　이룰 수 없는 꿈을 꾸고
　　이루어질 수 없는 사랑을 하고
　　견딜 수 없는 고통을 견디며
　　잡을 수 없는 밤하늘의 별을 따자
　　　-세르반테스『돈키호테』중

　스페인에는 파에야와 하몽처럼 유명한 먹거리가 있고, 세르반테스와 가우디처럼 국민에게 꿈을 심어준 인물이 있다.
　세르반테스의『돈키호테』와 가우디의 '사그라다 파밀리아' 성당은 지금도 스페인의 젊은이들에게 영감과 꿈의 상징이 되고 있다.
　스페인은 유네스코 문화유산 등록 수가 가장 많은 나라 중 하나이며, 그 중 상당 수를 가우디의 작품들이 차지하고 있다.
　가우디는 자신의 전 재산을 마지막 성당 건축에 바쳤고 말년에는 누추한 옷차림 때문에 교통사고를 당하고도 응급 치료도 받지 못한 채 세상을 떠났다. 자기가 지은 건축물이 많이 있었건만 그곳에서 한 번도 잠을 자지 못했다고 한다.

그가 바로 '가우디'였음을 병원은 나중에야 알았다.

세르반테스는 돌팔이 의사의 아들로 태어나 레판토 해전에서 왼팔을 잃고 5년간 포로로 노예생활을 한 뒤 58세에 『돈키호테』를 써냈다. 성서 다음으로 많이 읽힌 책이라고 한다.

이 두 사람은 비현실적이고 고통스러운 현실 속에서도 꿈을 포기하지 않은 사람들이었다. 그들이 남긴 정신은 지금도 세상을 향해 말하고 있다.

"꿈을 가진 사람은 눈빛이 살아 있다. 그 눈빛이 꺼지지 않는 한, 그는 언제나 청춘이다."라고

고스톱

　사람들은 이마가 넓으면 현명하고 코가 잘 생기면 부자가 된다고 한다. 관상학에 대해서는 잘 모르지만 이마가 넓으면 첫인상이 시원해 보이고 코는 얼굴의 중앙에 자리해 얼굴 전체 균형에 큰 영향을 미치기 때문일 것이다.

　실제로 잘생긴 사람을 보면 이목구비가 완벽하다. 서로 대칭을 이루어 균형이 잡혀 있다. 오래 사는 비결도 몸의 균형에서 온다고 한다. 몸이 균형을 이루어야 혈액순환이 좋고 신진대사도 활발하다.

　반면 어느 한쪽이 과도하게 발달하면 그 부분에 신진대사의 과부하가 걸려 건강을 유지하기 어렵게 된다. '잘생긴 사람이 잘 산다.'는 말도 결국 '균형 있게 살아야 한다'는 의미로 들린다.

　사람들이 앞날이 궁금해 철학관을 찾고 점집을 찾는 것도 운명에 대한 기대 때문일 것이다. 그러나 관상, 수상, 족상, 사주팔자보다 더 중요한 것은 심상(心相)이라고 한다. 마음을 바로 써야 바르게 살 수 있다는 이야기다. 복도 마찬가지다.

　밭에 씨를 뿌리고 농부처럼 정성을 다해 물을 주고 거름을 주며

병충해를 막고 키워야 얻을 수 있다. 하지만 사람들은 타고난 운명과 숙명에 따라 인생이 정해진다고 믿고 사는 경우가 많다.

사전적 의미를 살펴보면 운명은 "인간을 지배하는 필연적인 힘, 또는 그 힘에 의한 길흉화복"을 뜻하고 숙명은 "태어날 때부터 정해져 피할 수 없는 것이 운명"이라 한다.

필자는 이렇게 비유하고 싶다.

- ■숙명은 뒤에서 날아오는 돌
- ■운명은 앞에서 날아오는 돌

숙명은 도저히 피할 수 없는 일이지만 운명은 정신을 바짝 차리거나 몸에 익은 감각적 행동으로 피할 수도 있다. 결국 운명은 필연이 아니다. 사람에 따라 노력하면 극복할 수 있다.

삶을 개척한 사람들의 이야기를 들으면 많은 이들이 그 용기에 힘을 얻고 희망을 품게 된다. 실패를 두려워하지 않고 도전하는 사람에게 성공은 언젠가 반드시 찾아온다. 실패는 운명 때문이 아니다. 성공할 기회를 놓쳤기 때문일 뿐이다.

마음을 다잡고 실패의 원인을 면밀히 검토하고, 대안을 마련해 다시 시작한다면 "운명아 비켜라, 내가 간다!" 하고 외칠 수 있다.

실패한 사람들의 공통점은 뚜렷하다.

- ■시작 전에 충분한 검토를 하지 않는다
- ■남의 말에 쉽게 의존한다
- ■반 풍수식 지식으로 성급히 결정한다. 또한 노력이 부족하다

월급쟁이는 실수해도 꾸중 한 번 들으면 끝나지만 사장은 매일 생사를 오가는 긴장 속에서 죽지 않을 정도로 노력하며 산다. 또 하나, 세상을 너무 안일하게 보는 것도 문제다. 50세가 넘어도 부모에게 손을 벌리는 현실을 보면 우리 의식구조가 어딘가 잘못된 것 같다는 생각이 든다. 자신의 실패에 부모까지 끌어들이는 것은 참으로 부끄러운 일이다. 우리가 살아가면서 한 번쯤은 운명과 숙명 사이를 오가며 고민하게 된다.

오늘은 그중에서도 조금 남다른 선택을 했던 이야기를 전하고자 한다.

언제부터인가 고스톱은 우리 생활에 깊숙이 들어왔다. 화투의 종주국인 일본보다도 우리 사회에서 더 큰 반응을 얻었다. 심지어 외국 공항 로비에서도 고스톱을 친다는 이야기가 들릴 정도였다. 좁은 공간에서도 쉽게 즐길 수 있어 많이 퍼진 것이다. 투전, 나이롱뽕, 육백, 민화투, 월남뽕 등 다양한 화투놀이 중에서도 단연 고스톱이 놀이 문화를 평정했다.

1960년대 말, 충남 당진과 서산은 교통이 매우 불편했다. 서울에서 그곳을 가려면 홍성으로 돌아가야 했고 시간도 오래 걸렸다. 이를 단축하기 위해 아산 인주면과 당진 신평면을 잇는 제방공사가 시작되었다. 농업용수 공급도 목적이었지만 제방 정정에 도로를 만들어 통행을 원활하게 하려는 목적도 있었다. 공사가 시작되면서 업체 직원들이 현장에 투입됐다. 문화시설 하나 없는 시골에서 일과가 끝나면 술을 마시거나 고스톱을 치며 시간을 보냈다. 입사 초년병이었던 S씨도 그 대열에 끼어 있었다.

어느 토요일, 사무실에 남은 직원들과 고스톱을 치다가 그날따라 운이 좋아 하루 저녁에 5만 원을 따게 되었다. 당시 9급 공무원 초봉이 3만원이 안 되던 시절이니 적지 않은 금액이었다. 그 돈을 술로 흥청망청 쓰기엔 아까웠다. S씨는 신평면 운정리 언덕에 평당 100원 하던 땅 500평을 구입했다. 지금은 그 땅이 평당 200만원이 넘는다.

노름이나 복권으로 번 돈은 부자가 되기 어렵다는 속설이 있지만 그는 그 곳을 개발하여 50년을 이어오고 있다. 그 땅은 지금 아들의 생계를 책임지고 있다. 작은 선택이 큰 결실을 가져올 수 있다는 것을 S씨의 이야기가 말해준다.

오늘날, 10년 차 직장인들을 보면 대부분 골프를 배우지만 한 번쯤 생각해봐야 한다. 지금은 한가지 직업으로 생계를 유지하기 어려운 시대다. 70세까지 골프를 즐길 자신이 없다면 젊은 시절 겉멋에 골프채를 드는 것은 신중히 고민해야 한다.

부모의 큰 도움이 없다면 스스로 근검절약해서 종자돈을 모아야 한다. 그렇게 모은 돈이야말로 말년에 자신의 가치를 지키며 자신 있게 살아갈 수 있는 힘이 될 것이다.

마음의 희망

　사람들 중에는 "돈이 인생의 전부가 아니다."라고 말하는 이가 있다. 그리고 덧붙여 "마음을 비우라."고 조언하는 사람도 있다. 그런 마음으로 살면서 가장의 책임을 다할 수 있다면, 참으로 복 많은 사람이고 좋은 세상에서 살아가는 사람이라고 생각한다.
　우리가 무심코 하는 말 중에 거짓말로 여겨지는 세 가지가 있다.
- 노인들의 "빨리 죽고 싶다."는 말
- 상인들의 "밑지고 판다."는 말
- 노처녀들의 "시집 안 간다."는 말

　여기에 두 가지를 더하고 싶다.
　넷째는 "돈이 인생의 전부가 아니다."는 말이고, 다섯째는 "인간은 평등하다."는 말이다.
　고전에는 이런 말이 전해온다.
　"나보다 가진 것이 1/10이면 무시하고, 나와 비슷하면 경계하며, 나보다 10배 많으면 시기하고, 100배 많으면 기대하며 가까이 하고 싶고, 1,000배 많으면 스스로 그의 종이 되기를 청한다."

이 말은 인간의 속성을 여실히 드러낸다. 다시 말해, 현대를 살아가면서 가진 것이 없으면 자신을 중심에 세우고 살기 어려운 세상이라는 교훈이다. 우리는 지금도 자기보다 가진 것이 적은 사람을 무시하며 살아오지 않았던가 자문해 본다.

경제가 삶의 주체가 된 오늘날, 자유민주주의 체제에서도 이 생각에서 자유로운 사람은 드물 것 같다. 돈은 생명을 살리고 꿈을 이루게 하며 노년의 인격을 지탱해 준다. 그래서 돈은 참으로 중요한 것이다. 문제는 '어디서 만족할 것인가'에 있다.

'인간은 평등하다'는 말도 있다. 사전적 의미로는 맞는 말이다. 하지만 사회를 살아가면서 그 말을 믿고 살기는 어렵다는 것을 깨닫게 된다. 현실에서 진정한 평등은 드물다. 힘 있는 자의 결정 앞에서 숨을 죽이고 받아들여야 하는 약자의 모습을 본다면 이 세상이 얼마나 불평등한지 알 수 있다. 그렇다면 차라리, 세상의 불평등을 인정하고 주어진 조건과 능력에 따라 스스로를 키워나가는 것이 현명하다고 생각한다.

현실을 부정하지 말고 자신을 단단히 키워야 한다.

하버드대학교 도서관 벽에는 이런 문구가 걸려 있다고 한다.

"지금 당신이 1시간을 잠 못 이루고 공부한다면 당신의 배우자 얼굴이 달라질 것이다."

능력 위주의 사회에서는 자신의 위치를 확보하는 것이 중요하다는 의미일 것이다.

가난이 뼛속까지 파고든 사람이 있었다. 그러나 운명처럼 찾아온 부(富) 앞에서도 초심을 잃지 않고 겸손하게 살아간 한 사람의 이야기를 전하고자 한다.

그는 내 고향 윗동네 사람이었다. 산골짜기라서 전답도 변변치 않고 일할 곳도 많지 않은 곳이었다. 그런 곳에서 그는 어려서부터 부잣집에 머슴으로 들어갔다.

혈기왕성한 청년이 머슴살이를 좋아할 리 없었다. 일 년을 일해 쌀 열 가마니를 받으며 현실에 대한 불만은 가슴속에서 불덩이처럼 쌓여 갔다. 결국 그는 주인의 꾸지람을 듣고 참지 못해 무작정 상경했다.

아는 사람도, 가진 돈도 없이 서울로 올라간 그에게 다가온 일자리는 식당이나 여관의 허드렛일뿐이었다. 고향에서 농사짓는 일과 다를 바 없는 고된 삶이었다. 하지만 다시 고향으로 돌아갈 수도 없었다. 고된 일 속에서도 그는 부지런함을 잃지 않았다. 식당 주인의 신임을 얻기 시작했다. 그러던 중 6·25전쟁이 터졌다. 서울이 아수라장이 되자 주인은 피난을 가며 그에게 집을 맡기고 떠났다. 전쟁이 끝나고도 주인은 돌아오지 않았다. 남겨진 그는 식당을 지키며 운영했고 본의 아니게 식당 주인이 되었다. 열심히 일한 끝에 돈을 벌게 되었고 사업을 확장해 동해안에서 꽁치와 도루묵을 실어 서울로 가져와 팔기도 했다.

돈을 모은 그는 고향에 땅을 매입했다. 곡물을 서울로 올려 보내면서 더 자주 고향을 드나들었다. 그러나 좁은 시골길이 문제였다. 지게로 기차역까지 쌀을 날라야 했던 불편함을 해결하기 위해, 그는 사비를 들여 6km에 이르는 길을 확장했다.

초등학교 교실을 짓고 교회도 증축했다. 고향 동네에 교회도 세웠다. 장학금을 기부해 어려운 집안의 자녀들을 도왔다. 그렇게 한 많은 고향에 많은 돈을 남기고 세상을 떠났다.

남의 돈에 탐을 내어 탐욕으로 무너지는 사람들을 숱하게 보았지만, 이 사람은 달랐다. 젊은 날 한 많던 그였지만, 운명처럼 다가온 부를 겸손하게 받아들이고 마지막까지 남을 위해 살았다.

그래서, 그래서 세상은 아직 살 만한 곳인 것 같다.

결정적인 순간에

남자는 결정적인 순간에 자기 인생을 걸고 승부를 걸어야 할 때가 있다.

기회가 온다면 정확한 판단과 타이밍으로 용기 있는 행동을 보여야 한다. 문제는, 그 순간이 지나고 나서야 '그때가 절호의 기회였구나' 하고 깨닫는 것이다.

평범한 사람의 용기 있는 행동이 삶의 질을 변화시키는 모습을 우리는 종종 주변에서 보게 된다. 어려운 환경에서도 성공한 사람들을 보면 우리도 용기를 얻게 된다.

기대하지 않았던 사람이 크게 성공하는 모습을 보면 가슴이 벅차오르기도 한다. 그들은 '꿈'을 가지고, 그 꿈을 묵묵히 이뤄낸 사람들이기 때문이다.

우리는 로또복권 1등에 당첨된 사람을 부러워한다. 그러나 복권을 사지도 않고 1등을 부러워 한다면 이보다 더 어리석은 일은 없을 것이다. 생각도 중요하지만 행동이 있어야 가능하다. 성공은 '특별한 사람의 평범한 행동'이 아니라, '평범한 사람의 용기 있는 행동'에서 나온다고 믿는다.

　오늘 이야기할 주인공은 터널이나 절개지에서 암반에 구멍을 뚫는 위험한 작업을 했던 착암공(鑿岩工) 출신 이야기다.

　그는 지금 일 년에 수천억원 매출을 올리는 회사의 사장이 되었다. 터널 막장에서 착암 작업을 하는 것은 건설 현장 중에서도 가장 힘들고 위험한 작업 중 하나다.

　터널은 24시간 주야 교대작업이 이어지고 비가 와도 멈출 수 없다. 사고가 나면 신속히 복구해야 하고, 무슨 일이 있어도 '포기'라는 단어는 없다. 오직 전진뿐, 관통될 때까지 멈출 수 없는 곳이다.

　요즘은 환기시설이 좋아졌지만 그래도 터널 막장의 공기는 밖에 공기하고는 비교할 수 없다. 이런 악조건 속에서 가족을 위해 땀 흘리는 가장들의 삶은 눈물겹다. 그들은 거리에서 머리띠를 두르고 외치는 시위나 촛불을 드는 광장의 열기를 '사치'라고 생각할지도 모른다. 묵묵히 자신의 자리를 지키며 살아가는 이들이 있기에 우리는 오늘도 쾌적한 도로를 달릴 수 있는 것이다.

　이야기의 주인공 J씨는 이런 터널 막장에서 몸 하나로 돌에 구멍을 뚫던 착암공이었다. 그러던 어느 날, 천정에서 떨어진 돌에 맞아 부상을 입게 된다. 다행히 생명에는 지장이 없었지만 사고 처리 과정이 문제가 되었다.

　현장에서는 사고를 산재로 처리하면 노동부에 보고되어 회사에 불이익이 가해진다. 그래서 보통은 산재로 처리하지 않고 개인 부주의로 합의하여 일반 사고로 처리한다. 하지만 이번 낙반사고에 대해서는 J씨는 묵묵히 버텼다. 주변의 설득에도 흔들리지 않았다.

　결국, 그는 현장 소장에게 단독 면담을 요청했다.

"소장님, 이번 사고로 심려를 끼쳐 죄송합니다. 치료를 잘 받으면 후유증은 없을 것 같습니다. 회사에도 피해가 가지 않았으면 좋겠습니다. 대신, 작은 공사 하나만 저에게 맡겨주실 수 있겠습니까?"

당시만 해도 단순 노동자가 이런 제안을 한다는 것은 엄청난 용기가 필요했다. 게다가 소장은 소규모 공사를 직접 발주할 수 있는 권한이 있었다. 결국, J씨는 작은 공사를 수주하게 되었고, 성실히 마무리했다.

공사를 끝낸 뒤, J씨는 직접 소장을 찾아가 정산보고를 했다. 그리고 번 돈의 절반을 소장에게 돌려주었다. 의무는 아니었지만, 자신을 배려해 준 사람에게 예의를 다한 것이다. 그 일을 계기로 J씨는 신뢰를 얻었고 꾸준히 공사를 수주하게 된다. 그리고 이익의 절반을 나누었다.

건설업계에서 '수주'는 생명이다. 수주 없이는 회사가 존재할 수 없다. J씨는 성실히 일했고 신용을 얻었고, 회사를 키워 전문건설업 토공 분야 국내 3위까지 올랐다. 그는 자수성가형 부자의 대표적인 사례가 되었다.

처음 공사를 수주했을 때 하루하루가 생사의 갈림길이었을 것이다. 적은 적자라도 발생하면 인생의 끝이라는 간절한 심정으로 일했을 것이다. 월급쟁이의 마음고생과는 차원이 다른 무게였을 것이다.

J씨는 특별히 대단한 스펙을 가진 사람이 아니었다. 다만, 뜻이 있었고 용기가 있었으며 상대의 마음을 움직이는 처세술이 있었다. 그것이 평범한 기능공을 수천억 매출을 올리는 기업의 사장으로 만들었다.

고인이 된 정주영 현대그룹 명예회장이 말했듯 '하면 된다'는 신념은 아는 것만으로 되는 것이 아니다. 뜻과 독특한 처세술, 그리고 때를 놓치지 않는 용기가 있어야 한다.

누구에게나 인생의 터널이 찾아온다. 그때, 한 걸음 더 내디딜 수 있는 용기가 있다면, 또 다른 인생이 열릴 것이다.

변신

　없이 사는 사람 중에는 많이 가진 사람을 미워하는 경우가 있다. 때로는 그들 덕분에 도움을 받기도 하면서도 마음 한 구석에 미움을 품는다. 가진 자에 대한 미움이 인간의 본성인지는 모르겠지만 부자들이 비합리적으로 돈을 벌었다는 인식이 크게 작용하기 때문일 것이다. 그렇다고 우리나라 부자들이 외국 영화에서처럼 섬을 통째로 매입해 성을 쌓고 외부인을 통제하며 수많은 하인과 비행기, 요트를 거느리고 왕처럼 사는 것도 아닌데 말이다.
　민주주의가 발전한 미국 맨해튼에서는 한 기업 총수가 여러 사업체를 운영하며 봉사활동을 하고 재산의 일부로 지역 주민들의 수도 요금을 대납하는 일을 했다. 그는 시내를 통과할 때 교통순경이 신호를 조정해 빨리 돌아가 더 많은 돈을 벌 수 있도록 배려했다고 한다. 우리는 이런 일을 어떻게 받아들여야 할까.
　우리는 일자리를 만들어주고 가족의 생계를 지킬 수 있게 해 준 기업가를 때로는 존경하는 마음도 가질 필요가 있다. 한 달 내내 일한 대가로 월급을 받는다 해도 한 달에 하루쯤은 나에게 일자리를 제공해 준 기업주에게 감사하는 마음을 가져야 하지 않을까? 일자리 걱정으로 불안한 오늘날, 더욱 새겨야 할 일이다.

우리나라 부자 중 유산을 상속받아 부자가 된 사람은 전체 부자 중 10% 정도에 불과하다고 한다. 나머지 90%는 자수성가한 사람들이다. 자수성가한 사람들 중에도 10%는 특별한 재능 없이 세상의 흐름을 주의 깊게 살피며 돈이 모이는 길목을 지키다가 부자가 되었다. 결국 내가 부자가 되지 못한 것을 남 탓으로만 돌릴 수는 없다는 이야기다.

한때 우리나라는 금수강산이라고 불렀다. 우리나라처럼 아기자기하게 쓸모 있게 생긴 나라도 드물다. 계절마다 피어나는 꽃과 먹거리는 우리를 행복하게 했다. 그러나 살아가는 데 필요한 지하자원은 생각보다 많지 않다. 우리가 입는 옷은 목화에서 뽑은 면, 석유에서 추출한 화학섬유, 그리고 가축의 털로 만들어지지만 이 세 가지 모두 우리나라에서 생산되지 않는다.

우리가 즐겨 먹는 음식 중 25%가 밀가루 음식인데도 불행히 우리나라는 밀을 생산하지 못한다. 최근 들어 국민 소비량의 1%라도 자급하자는 운동이 일고 있지만 여전히 생산량은 미미하고 가격 또한 경쟁력이 없다. 오늘 저녁 식탁에 오를 반찬마저도 중국산이 차지하고 있는 현실이다. 기름은 세계 240여 개국 중 107개 나라에서 생산되고 있지만 우리에게는 단 한 방울도 나오지 않는다.

이런 열악한 환경 속에서도 세계인과 경쟁하며 살아남아 세계 10위권 경제 대국이 된 것은 실로 기적에 가까운 일이다. 그런데도 우리는 이 위대한 결과를 누가 만들어냈는지 깊이 생각하지 않는다. 김대중 전 대통령이 북한을 방문했을 때 김정일이 "남한의 경제 성장은 같은 민족으로서 축하해야 할 일"이라고 박정희 대통령을 찬양

하는 말을 했다지만 우리는 여전히 이 본질을 망각한 채 옆 사람의 지고가는 지게 속과 비교하며 상대적 빈곤감에 빠져 살아간다.

만약 우리가 6·25전쟁에서 졌더라면 과연 지금처럼 배고픔을 이겨낼 수 있었을까. 미국이 소련과 중국의 세력 확장을 막기 위해 한반도를 포기하려 했던 상황에서 북한의 남침 소식을 들은 트루먼 대통령이 무슨 생각으로 "그 개자식들, 무슨 일이 있어도 막아."라고 지시했던 것이 우리가 오늘의 행복을 누릴 수 있게 한 출발점이 되었는지도 모른다.

정치가 불안정했던 자유당 말기에 5·16 군사정변으로 박정희 소장이 집권하게 되었지만 만약 그때 김대중이나 김영삼이 대통령이 되었다면 과연 지금과 같은 경제 대국이 되었을까 생각을 해 본다. 두 사람은 고속도로 건설도 반대했고 현대자동차 설립 허가도 부자를 위한 일이라며 반대했던 미래를 내다보지 못했던 지도자들이었다.

이라크에서 희생된 미군 병사의 10배가 넘는 젊은이들이 목숨을 바쳤고 당시 우리나라 병원의 침상은 UN군 부상병들로 가득 채워야 되는 숫자였다. 이승만 대통령의 건국 기초 위에 박정희 대통령의 경제개발 추진이 있었고 정주영·이병철 회장 같은 기업인들의 집념과 국민들의 땀방울이 어우러져 오늘의 번영을 이룬 것이라고 생각한다. 그러나 오늘날, 이를 기억하는 사람은 많지 않은 듯하다.

우리는 지하자원이 거의 없는 나라에서 손재주 하나로 이만큼 풍요롭게 살아가고 있다. 김대중 기념관은 전국에 넘쳐나지만 박정희 대통령 동상 하나 세우지 못하는 모습을 보면 안타까운 마음이 든다.

민주화를 외치는 사람들의 주장에서 박정희 개발독재를 말하지만 개발독선으로 표현하는 것이 타당하지 않나 생각도 든다.

고생하며 견뎌낸 세월 끝에 우리가 살 만하다고 느끼기 시작한 때는 1985년이었다. 독일로 간 광부와 간호사들이 보내온 달러, 월남전에서 흘린 피의 대가, 중동 건설현장에서 벌어들인 돈이 종잣돈이 되어 나라 경제를 움직이기 시작했다. 그 성과가 국민들의 삶 속에 서서히 나타나기 시작한 시점이 바로 1985년이었다. 그리고 88년, 서울올림픽을 무리 없이 치러내면서 우리는 비로소 자신감을 갖게 되었다.

그러나 한편에서는 인건비가 올라 업종별 평준화가 진행되고 힘든 일을 기피하는 현상이 나타났다. 건설현장에서는 인건비 비중이 커지면서 일괄 하도급, 부분 하도급, 품 떼기, 모작 등 다양한 방식이 등장했지만 특히 인건비 중심의 모작이나 품 떼기는 관리에 어려움을 가져왔다.

그 무렵, 가까이 지내던 고향 후배 K는 강재로 가시설 작업을 하는 비계공, 일명 도비 일을 하고 있었다. 학력은 초등학교 중퇴였지만 경험으로 익힌 기술만큼은 확실했다. 그는 자랑삼아 늘 말했다. 하나는 '일만큼은 끝내준다'는 것이었고, 또 하나는 '나는 초등학교 중퇴지만 아내는 부산 명문 B여고 출신'이라는 점이었다.

1989년 무렵, 사무실을 찾은 K에게 말했다.

"지금까지는 기능공 구하기도 쉽고 인건비도 싸서 수주가 쉬웠지만 앞으로는 어려워질 거야. 대비를 해야 해."

K도 같은 생각을 가지고 있었다.

"어찌하면 되겠습니까?"

"작업 방법을 개선하거나 신공법을 도입하는 것밖에 없어. 일본이 우리보다 기술이 좋으니 가서 살펴보는 것도 방법이야."

집으로 돌아간 K는 아내에게 말했다.

"김 소장이 그러는데 일본에 가야 한대. 나 일본에 가야겠어."

아내는 깜짝 놀랐다. 일본어도 영어도 모르는 남편이 일본에 간다니 걱정이 될 수밖에 없었다.

"그럼 나도 따라갈게."

그렇게 두 사람은 일본으로 건너갔다. 아는 사람도 없는 땅에서 어렵게 건설현장을 돌며 답을 찾던 중, 마침내 특이한 장비를 발견했다. 지하철 터파기 공사에서 흙을 파고 주변 건물을 보호하기 위해 박는 강관을 기존 방식보다 훨씬 빠르고 안전하게 뽑아내는 장비였다.

장비 명을 확인하고 제작사를 파악한 그는 국내로 돌아와 장비를 도입했다. 작업 속도는 기존보다 5배 빠르고 주변 피해가 없어 민원도 사라졌다. 사업은 순조로웠고 장비 세 대를 운영하며 부산을 기점으로 울산에서 광양까지 사업을 키워갔다.

몇 년 후 길에서 우연히 만난 K는 말했다.

"소장님 덕분에 양정에 빌딩 하나 마련했습니다. 예전에는 버스를 타면서 자가용 탄 사람이 부러워했는데 이제는 버스를 타도 전혀 부럽지 않네요. 모두 소장님 덕분입니다. 오늘 식사는 제가 대접하겠습니다."

행동의 힘이 얼마나 큰지 새삼 깨닫는 순간이었다. 일본어도 영어도 모르면서 일본행을 결심한 것이 어찌 두렵지 않았겠는가. 가진 돈도 변변치 않았을 것이다. 그러나 남편을 믿고 따라 준 아내와 그 어려운 길을 걸어간 K의 용기에 마음깊이 박수를 보낸다.

돈은 생각한 것보다 많이 돌고 있다

된다는 생각을 가지고 행동하여 성공한 사람들에게는 몇 가지 공통점이 있다. 그들은 모두 꿈을 갖고 있었고 긍정적인 사고방식으로 새로운 아이디어에 도전하며 끝까지 포기하지 않는 열정을 가지고 있었다. 또한 주변에 좋은 인연을 맺어 행운을 자기 것으로 만들어 낸 사람들이었다.

학문적 이론이나 통계 수치에 연연하지 않고 자신의 꿈이 반드시 실현되리라는 믿음을 품고 누구나 불가능하다고 여기는 일에 과감히 도전하는 머리 나쁜 사람들이었다. 그들이 1%의 가능성에 도전하여 성공을 거두는 모습은 또 다른 사람들에게 감동을 주고 흥분을 일으켜 삶의 활력소가 되어준다.

성공이란 어떤 분야에서든 열정을 가지고 지속적으로 밀고 나간 사람들의 승리를 의미한다. 그리고 그 승리는 운 좋은 사람들과 맺은 인연 속에서 이룰 수 있었다. 운이라는 것은 독불장군처럼 혼자 잘난 체하는 사람에게는 절대 다가오지 않는다. 살아가면서 개인이 지닌 한계를 뛰어넘게 해주는 것이 바로 만남과 인연이었다.

사찰에서 자주 쓰이는 "옷깃을 스쳐도 인연이다."라는 말은 언뜻 들으면 가벼운 만남처럼 들리지만 사실 깊은 뜻을 품고 있다.

옷깃은 저고리나 두루마기의 목에 둘러 여미는 부분으로, 그 부분이 스치려면 감싸고 끌어안는 정도의 가까운 거리가 필요하다. 결국 살아가면서 옷깃을 스칠 만큼 가까운 사람은 사랑하는 가족이나 소중한 사람일 수밖에 없으며 그런 인연은 대단한 것임을 새삼 느끼게 된다.

하물며 가족에 버금가는 좋은 인연을 맺는다면 그 인연이 좋은 운이 되어 내게 찾아오는 기회가 될 수 있으니 인생을 살아가는 데 있어서 인연만큼 중요한 것도 없을 것이다.

70여 년 전, 시골에서 태어나 서울로 상경해 고등학교에 다니던 한 학생이 있었다. 가정형편이 어려워 독학으로 야간 상고를 다니던 그는 1965년 무렵만 해도 고등학생이 돈을 벌 수 있는 일거리가 많지 않은 현실에서 신문배달, 가두판매, 구두닦이, 그리고 사무보조원 같은 아르바이트를 전전하며 학교를 다녔다.

큰 결심을 하고 일 년 동안 구두를 닦고 신문을 배달하며 학교를 다녔지만 어린 학생이 감당해야 했던 고생은 말로 다 표현할 수 없었다. 그의 소망은 단 하나, 돈을 벌어 나머지 학교 2년은 아르바이트 없이 공부에 전념하는 것이었다.

스산한 가을이 지나고 겨울이 다가오던 어느 날, 머릿속에 번뜩이는 생각이 떠올랐다. 당시 야간 고등학교에는 한 학년에 3개 반이 있었고 그중 약 100여 명이 사무보조 아르바이트를 하고 있었다. 그는 이 친구들을 활용해 돈을 벌 수 있는 방안을 구상하게 된다.

그의 사업 구상은 이 친구들이 근무하는 사무실에 방한용 난방 기름을 공급하는 것이었다. 먼저 학생들의 동의를 얻고 기름을 공급받을 주유소를 찾으며 운반을 위한 자전거를 마련하고 활동을 시작하기 위한 자금을 확보하는 것이 필요했다.

매일 구상에 몰두하며 계획을 세우던 그는 사업이 잘만 되면 겨울 한철이 끝날 무렵 1만 환 정도를 벌 수 있을 거라는 희망을 품게 되었다.

신문 배달로 모은 돈으로 먼저 100명분 빵을 사서 친구들을 모았다. 그리고 사업 계획을 설명하며 "이 사업이 잘 되면 매일 빵 하나씩을 제공하겠다."고 약속을 했다. 학생들의 적극적인 협조를 얻어낸 그는 기름통을 실은 자전거를 타고 겨울 내내 기름 장사를 했다. 친구가 다니던 회사 옆 사무실에서도 소문을 듣고 기름을 구입하기 시작하면서 장사는 점점 더 번창했다.

겨울이 지나고 목표였던 1만 환을 훌쩍 넘어 3만 환을 벌게 되었고 그는 더 이상 아르바이트를 하지 않고도 학교를 다닐 수 있는 여유를 얻었다. 그러나 그는 멈추지 않고 2학년 겨울까지 기름 장사를 이어갔고 결국 그 돈으로 미아리고개 넘어 헌병 초소를 지나 주유소를 차려 스스로 사장님이 되었다.

그는 대학에 진학하면서 주유소를 팔고 정부가 불하하는 빌딩을 정치권과 연을 맺어 싸게 매입해 빌딩 주인이 되었다. 4·19혁명이 일어났던 그 해, 그는 누구보다 세상 부러울 것 없는 부자가 되어 대학을 다닐 수 있었다. 하지만 5·16혁명 이후 불법 불하 빌딩이 발각되어 모든 재산을 잃고 빈털터리가 되었다. 그럼에도 그는 오뚝이처럼 다시 일어섰고 새로운 사업을 시작했다. 지금은 미국으로 건너가 건설업을 하고 있다는 소식이 들리지만 그의 끊임없는 도전과 열정은 높이 평가받아야 마땅하다.

  그의 사업이 정치권과 얽힌 로비를 통해 확장되었다는 비판과 매스컴의 시선을 받기도 했지만 이 글은 그의 도덕성을 논하려는 것이 아니다. 야간 고등학교에 다니던 어린 시절, 다른 친구들이 생각하지 못한 기름 장사를 기획하고 친구들과의 인연을 통해 사업을 키워 나간 그의 도전 정신을 높이 평가하고자 한다.

  사람들은 일이 안 풀리면 실패의 원인을 자신에게서 찾기보다는 남 탓을 하는 경우가 많다. 이런 태도가 반복되면 본질을 보지 못하고 현상만을 탓하는 습관에 빠진다. 그런 사람들에게는 성공의 기회가 쉽게 오지 않는다는 사실을 수없이 보아왔다.

  누에는 몸 길이가 겨우 8cm밖에 안 되지만 그 몸에서 뽑아내는 실은 1500m에 이른다고 한다. 생각도 마찬가지다. 작은 생각 하나가 또 다른 생각을 몰고 오고, 그렇게 이어진 아이디어가 결국 우리를 크게 만든다.

  한 달에 월급을 받아 쓰고 남은 돈을 저축해 1억 원을 모은다는 것은 숫자로 보면 불가능한 일처럼 느껴지지만 많은 사람들이 그렇게 돈을 모아 집을 사고 미래를 준비한다. 시작은 어려우나 먼저 생각하고 행동으로 옮긴 사람에게는 늘 이어지는 기회가 주어진다. 그것이 성공으로 가는 길임을 믿는다.

은퇴 후 도전

　직장을 그만두어야 할 나이가 되면 불안하다. 개인 회사에 다니는 사람들은 정년이라는 보장이 없기에 더욱 초조하다. 점쟁이도 아니고 손금을 보고 앞날을 예측할 수도 없으니 답답하기만 하다. 결혼이 늦어 아직 학교에 다니는 자식이 있다면 그 초조함은 말할 것도 없다. 행여 퇴직 후 벌이는 사업이 실패해 자식들에게까지 피해를 끼칠까 두려운 마음이 앞선다. 그러나 운명처럼 다가오는 회사에서의 내 위치는 그런 사정을 조금도 인정해 주지 않는다. 언제나 예고 없이 마치 천둥이 치듯 갑작스럽게 통보되어 온다.
　이때쯤 되면 체면 같은 건 사치다. 가족을 지켜야 한다는 사명감에 밤잠조차 설치게 된다. 그동안 아무리 직장생활이 힘들었다 해도 그 직장이 요람처럼 편안하게 느껴지는 순간이기도 하다. 막상 이모작을 시작하려 해도 업종을 선택하는 일은 쉽지 않다. 오랫동안 준비하지 않았다면 귀가 얇아져 주변 사람들의 말에 휘둘리기 쉽다. 과거의 화려했던 경력 탓에 품위를 지키려다 실속은 잃고 과시욕에 빠져 현실과 동떨어진 선택을 하는 경우도 생긴다.

돈을 버는 방법에는 두 가지가 있다. 이익을 많이 남겨 부자가 되거나 허리띠를 졸라매고 저축한 종자돈으로 재테크를 잘하는 것이다. 이 두 가지 방법을 모르는 사람은 없지만 정작 스스로 참여해 돈을 모으는 것은 여간 어려운 일이 아니다.

아침 새벽부터 문을 열어 자정까지 장사하는 업종이 있는가 하면 아침 9시에 문을 열어 저녁 5시에 닫는 직업도 있다. 한 사람이 여러 점포를 관리할 수 있는 업종이 있는가 하면 자식에게조차 카운터를 맡길 수 없는 일도 있다. 계절 별 잘 되는 업종도 생기기 마련이다. 돈을 버는 일은 시간과 노력에만 비례하지 않는다는 것을 새삼 느끼게 된다. 열심히 한다고 다 되는 것도 아니다. 시대에 뒤처지지 않는 업종, 희소가치가 있으면서도 이윤이 높은 업종을 선택하는 것이 현명하다.

한마디로 낚시질을 하려면 고기가 많은 곳에서 해야 한다. 솜씨가 서툴러도 고기가 많으면 잡을 수도 있다. 하지만 고기 없는 곳에 낚싯대를 드리운다면 아무리 낚시 실력이 뛰어나더라도 소용이 없다. 문제는 고기가 많은 곳을 찾아내는 선구안이다.

젊었을 때, 350여 개 점포가 들어선 지하상가를 공사한 경험이 있다. 공사를 맡아 진행하고 분양까지 참여했으며 지하상가 관리사무소를 운영하면서 자연스레 장사에 대한 이해도 깊어졌다. 지하상가는 대부분 지하철 공사와 함께 진행되는데 지하철 구간은 정부가 비용을 분담하고 상가 부분은 지하상가 측이 부담하는 구조다. 그래서 정부에서도 지하철 사업비를 절감하기 위해 적극 장려하는 사업이었다.

지하상가는 20년 동안 사용한 뒤 정부에 기부 체납하는 방식으로 운영된다. 그래서 소유권 이전이 아니라 임대차 계약으로 분양이 진행된다. 점포주들은 매월 일정 금액을 관리비로 납부하고 이 돈은 상가 운영에 사용된다. 남는 금액은 적립하여 20년 뒤 반환하는 구조지만 실상은 관리비 지출이 우선이라 충분한 적립이 어려워 정부가 빚을 안고 시설을 넘겨받는 경우도 적지 않다.

지하상가 점포를 보면 대외적 신임도가 높은 메이커 대리점은 본사의 지원을 받기 때문에 초보자에게는 안전한 선택이지만, 수익은 크지 않다. 일정 매출을 넘기면 본사에서 가까운 곳에 또 다른 점포를 열어 경쟁자가 생기는 경우도 있다. 반면 비 메이커 상품을 취급하는 점포는 운영자의 노하우에 따라 수익 차이가 크게 벌어진다. 매일 상가관리사무소로부터 점포 매출 집계를 접하다 보니 전문가가 아니어도 장사의 흐름을 읽을 수 있었다.

운명처럼 다가온 시간 속에서 퇴직을 준비하던 한 고참 관리직 직원이 있었다. 그는 일 년 전부터 시공 중인 지하상가를 관리하면서 자신의 2모작을 위해 치열하게 고민했다. 어떤 점포를 선택하고 어떤 업종을 해야 할지를 두고 부지런히 시장조사를 했다.

점포 가격은 분수대와 휴게시설 주변이 가장 비쌌고 그 다음이 지하 연결통로였다. 코너에서 4~5번째 떨어진 점포와는 가격 차이가 두 배 가까이 났다. 경험이 없는 사람은 두 점포를 갖는 걸 고민하지만 경험이 많은 사람은 면적이 작더라도 좋은 코너 점포를 고른다.

그는 결국 시공 중인 지하상가에서 퇴직 후 사용할 점포를 선택했다. 햄버거 가게로 지정된 곳이었다. 위치는 작지만 유동 인구가 많은 지하통로 쪽, 눈에 잘 띄는 자리였다. 인근 지하상가의 햄버거 가게를 조사해 본 결과, 통행인구의 약 2% 정도만 매장에 들어온다는 사실도 알게 되었다. 100명 중 2명, 결코 만만한 숫자가 아니었다.

 그는 메이커 브랜드를 택할 것인지, 비 메이커로 갈 것인지 고민했다. 결국 비 메이커를 선택했다. 마진이 더 좋았고 서비스와 차별화에 신경 쓰면 충분히 경쟁할 수 있다고 믿었기 때문이다. 운영도 간편했다. 아침 7시에 입고되는 햄버거와 아이스크림, 컵 수량만 관리하면 그날 판매량을 쉽게 파악할 수 있었다. 다만 젊은 손님이 대부분이라 가게 안에 직접 들어가 관리하기는 쉽지 않았다. 종업원을 퇴근시키고 영업 종료 후 남은 손님이 모두 나가야 청소를 하고 셔터를 내릴 수 있었다.

 이렇게 시작한 햄버거 가게는 3년 후 두 개로 늘었고 5년 후에는 세 개까지 확장되었다. 그는 혼자서 사업을 꾸려가며 멋지게 2모작 인생을 만들어갔다. 은퇴 후 실패 없이 성공한 보기 드문 사례였다.

 2모작은 지금까지 해온 일과 관련된 분야에서 찾는 것이 가장 유리하다는 사실을 그는 몸소 증명해 보였다.

노력 앞에는 운명도

사람의 생각은 시대에 따라 변하는 것 같다. 어제까지 소중하게 여기던 생각과 행동이 오늘에 이르러 다르게 해석될 수도 있기 때문이다.

내가 초등학교에 다니던 시절에는 "황금 보기를 돌같이 하라."는 최영 장군의 노래를 음악시간에 불렀다. 정변을 일으킨 이성계를 진압하기 위해 한양으로 회군한 최영 장군의 군인 정신을 높이 평가했던 것이다. 그러나 3공화국 시절, 박정희 대통령이 이성계와 마찬가지로 쿠데타를 일으킨 장본인이 되면서 학교에서 더 이상 최영 장군의 노래를 부를 수 없게 되었는데 음악 교과서에서도 슬그머니 사라졌다.

또 하나 기억나는 것은 흥부전에 관한 이야기다. 예전에는 흥부가 보여준 선한 마음을 모두가 좋아했고 우리 국민성을 상징하는 이야기로 여겨졌다. 그러나 3공화국 시절, 정부가 인구 억제 정책을 시행하면서부터 흥부는 시대에 맞지 않는 인물이 되어버렸다. 자식만 많이 낳고 생활력이 없는 무능한 사람으로 인식되었고 오히려 성질은 고약하지만 자기 마누라만큼은 확실히 책임지는 놀부가 주목받기 시작했다. 음식점 이름도 흥부보다는 '놀부 보쌈', '놀부네 집' 같은 이름이 더 인기를 끌게 되었다.

하지만 변하지 않는 것이 있다면 부모가 자식에게 가난을 대물림하는 것은 죄라고 생각하는 마음이다. 살아가면서 가난은 부끄러운 일도 자랑할 일도 아니지만 사람들이 꿈을 이루고 원하는 삶을 살기 위해서는 돈이 필요하기에 많은 이들이 일을 취미삼아 피나는 노력으로 가난에서 벗어나고자 애쓰는 것이다.

1980년대 초, 부산 서면에서 지하철 공사를 하던 때의 일이다. 어느 지인이 소개해준 젊은이가 있었다. "집안 형편이 어려워 대학 진학은 못 했지만 착실하고 부지런하니 잘 부탁한다."며 소개해 준 친구였다. 마침 자재 수불을 관리하는 창고 관리자 자리가 비어 있었기에 간단한 업무와 근무 요령을 가르쳐 배치하였다. 건설 현장은 아침 7시에 근무를 시작해 저녁 7시에 끝났지만 실상은 그 이후에도 사전 준비작업과 마무리 잔업이 이어졌다. 게다가 당시에는 0시부터 4시까지 야간 통행금지가 있었기에 주간에 할 수 없는 작업들은 모두 야간에 처리해야 했다.

창고 관리는 자재 수불과 현장 자재 관리를 맡는 일이었기에 하루 24시간도 부족했다. 해가 뜨면 차선 유도등을 꺼야 했고 야간작업으로 산만해진 주변을 정리해야 했다. 몸으로 부딪히는 일이 많았지만 그 친구는 단 한 번의 불평도 없이 열심히 적응해갔다.

당시 대학을 졸업한 정규직 신입사원 초봉은 35만 원 정도였는데 보름이 지나면 대부분의 직원들이 생활비에 쪼들렸다. 그러나 정규직 급여의 1/3도 안 되는 10만 원을 받으면서도 그 친구는 월급을 한 푼도 쓰지 않고 모두 저축했다. 현장에서 숙식이 제공되고 옷과 안전화도 회사에서 지급되었기에 가능한 일이었지만 젊은 나이에 그렇게 절제하며 사는 것은 결코 쉬운 일이 아니었다.

그는 직원들의 야간 당직을 대신 서 주고 야간작업에도 적극 참여하여 얻은 부수입으로 생활비를 충당했다. 그의 오직 하나뿐인 목표는 현장이 끝날 무렵 중고 화물차 한 대를 구입하는 것이었다.

3년 동안, 그는 명절에도 고향에 가지 않고 오직 돈을 모았다. 부모로부터 물려받은 가난을 끊기 위해서였다. 마침내 현장이 끝날 무렵, 그는 중고 타이탄 트럭 한 대를 구입해 스피커를 달고 채소 장사를 시작했다.

현장 사무실 주변에 부전동 농산물 공판장이 있었기에 새벽마다 나가 신선한 채소를 고르는 법을 배웠고 현장에서 취득한 운전면허 덕분에 장사를 시작하는 데 아무런 어려움이 없었다. 그로부터 세월이 흘러, 지금 그는 70이 넘은 나이에 500평 규모의 슈퍼마켓 두 곳을 운영하고 있다. 고생과 절약을 생활신조로 삼아 달려온 결과, 자식에게는 더 이상 가난을 대물림하지 않아도 되는 삶을 만들어냈다.

그의 자식 또한 부모의 삶을 보며 열심히 공부해 회계사가 되어 좋은 직장에 다니고 있다. 비록 시작은 보잘 것 없었지만 꿈을 가지고 꾸준히 노력하면 결국 꿈을 이룰 수 있었다. 세상은 마음먹기에 달려 있다는 말이 새삼 실감난다. 자신이 하고 싶은 일에 모든 것을 걸고 염원한다면 이루어낼 수 있다는 신념, 그 신념의 마력이 삶을 바꾸는 것이다.

성실함에

우리는 가정을 지키고 자신의 꿈을 실현하기 위해 직업을 갖는다. 크게 보면 자영업과 종업원으로 나뉘고 어떤 이들은 명예를 중시하는 일을 택하고 또 어떤 이들은 돈을 목적으로 직업을 선택한다. 결국 우리가 선택하는 이런 직업의 형태가 평생 우리의 삶에 절대적인 영향을 미친다는 사실을 잊어서는 안 된다.

오늘도 아침에 아무 생각 없이 출근하는 사람이 있는가 하면 어떤 이는 "오늘은 무슨 일이 있어도 이 일만큼은 꼭 이루고 말겠다."는 각오로 출근한다. 하루에도 수없이 쏟아지는 지시사항을 처리하느라 지친 어느 순간, '차라리 나도 사장이 되어 사업을 해볼까?' 하는 생각이 들기도 하지만 사장이 겪어야 하는 외롭고 괴로운 결단이 회사의 운명을 좌우한다는 사실을 우리는 쉽게 잊는다. 일을 추진하는 열정은 자신의 몸이 죽지 않을 정도로 쏟아야 한다는 것을 숙명처럼 받아들여야 한다.

한때 우리나라에서는 새마을운동이 국책사업으로 전국을 휩쓸며, 고생을 딛고 성공한 새마을 지도자들의 사례 발표가 많은 국민들의 가슴을 울린 적이 있었다. 모두 어려운 여건 속에서 고생을 낙으로 여기고 일군 결과였기에 그리고 그 결과가 성공으로 이어졌기에 큰 감동을 준 것이었을 것이다. 그러나 이런 사례 발표가 통하지 않는 곳도 있었다. 바로 창업주가 대부분인 경영자 모임에서였다.

발표가 끝난 후 어색한 분위기에 관계자가 경영자들에게 이유를 묻자 돌아온 답은 간단했다.

"아니, 여기 있는 사람들 중에 그 정도 고생 안 하고 사업을 성공시킨 사람이 어디 있습니까?"

우리는 종종 부모로부터 많은 재산을 물려받은 사람이 행복하게 살 것이라고 믿는다. 어쩌면 확률적으로는 맞을지도 모른다. 그러나 현실은 그리 간단치 않다. 유산을 유지하고 발전시키는 것도 쉽지 않기 때문이다. 한순간의 잘못된 결정으로 모든 것을 잃을 수도 있다. 반대로 어려운 환경에서 태어난 사람이 평생을 가난하게 살아야 할 이유도 없다. 가난이 반드시 대물림되는 것은 아니기 때문이다. 결국 누군가는 긴 시간 동안, 수많은 어려움과 싸워 이겨낸 결과가 있어야만 가능하다는 이야기다. 비록 좁은 가능성일지라도 세상이 살 만한 곳이라는 것은 그 희망이 있기 때문이다.

내가 지금 어려움에 처해 있다면 그것은 전적으로 내 탓이라고 믿는다. 내가 준비를 덜했고, 노력을 덜했고 시대를 읽지 못해 순간의 선택을 잘못했기 때문이라고 생각한다. 인생은 결국 선택의 결과이고, 그 결과가 평생 내 삶을 지배하기에, 누구를 탓할 일이 아니라고 믿는다.

건설현장에서 있었던 이야기 하나를 전하고자 한다. 현장에서는 많은 장비와 인력으로 작업이 이루어진다. 그중에는 월 고정금액으로 운영되는 임대 장비가 있는데 크레인이나 포크레인, 덤프차 등이 이에 속한다. 아침 첫 작업으로 흙을 싣고 나가는 차와 마지막에 게으르게 출발하는 차는 하루 수입이 20%나 차이날 수 있다. 차주에게는 엄청난 차이다. 그래서 차주는 성실하고 부지런한 운전기사를 구하려 애를 쓴다.

기사를 잘못 만나면 차량 관리도 소홀해져 좋은 날 고장이 나고 수리하고 나오면 비가 와서 일을 못 하게 되는 경우가 잦다. 이때 차주는 속이 타들어간다. 기사들은 하루 일정 금액을 받고 일을 시작하는데 현장 상황에 따라 작업이 중단되기도 한다. 이런 때 많은 기사들은 차 안에서 카드 노름을 하며 시간을 보낸다. 노름에 빠진 기사는 작업이 재개되어도 일할 의욕을 잃고 결국 거짓말을 하며 타이어가 펑크 났다고 핑계를 대고 수리비까지 청구하기도 한다. 심지어는 주인 몰래 다른 현장 야간작업에 나가 주인을 배신하는 짓도 서슴지 않는다. 이런 기사를 둔 차주는 결코 돈을 벌 수가 없다.

그러나 운전기사 중에는 다른 기사도 있다. 작업이 중단되면 현장에 나와 청소를 돕고 비뚤어진 강재를 교정하고 할 수 있는 모든 일을 찾아 움직이는 기사도 있었다. 그는 점심도 도시락으로 해결하고 일할 때는 묵묵히 최선을 다했다. 덕분에 건설회사 직원들은 일이 생기면 가장 먼저 그에게 연락해 일을 맡겼다. 일대작업처럼 돈벌이가 좋은 일에도 먼저 불러주었다. 성실한 그 기사는 결국 저축한 돈으로 자신의 차를 구입하고 사장이 된다. 그동안 쌓은 인맥 덕분에 일거리는 걱정할 필요도 없었다. 그는 차를 한 대, 두 대 늘려가며 사업을 키워나갔다.

차주들 사이에도 등급이 있다. 자기 차 한 대만 겨우 굴리며 매일 일자리를 구걸하는 사람이 있는가 하면 20~30대 차량을 운용하는 차주도 있다. 더 나아가 15톤 덤프에 포크레인 몇 삽이면 한 차가 된다는 것을 알고 직접 굴착공사를 수주하는 경지에 이르는 사람도 있다. 최고의 경지는 대규모 토공 작업장에서 사토를 책임지고 운반하는 사람이다. 그렇게 경험을 쌓고 돈을 모은 차주는 결국 토공 전문건설업체를 설립해 일 년 매출 천억 원을 올리기도 하고 종합건설회사를 차려 회장님이 되기도 한다.

하지만 여전히 돈은 자기와 관계없다며 하루하루 노름이나 하며 살아가는 기사들도 있다. 그들은 나이가 들어서도 여전히 핸들을 잡고 같은 일을 반복한다.

나는 생각한다. 성공한 사람들은 하루아침에 돈을 번 사람이 아니다. 주어진 환경에서 죽지 않을 만큼의 노력으로 묵묵히 성실하게 살아온 사람들이다. 그리고 그렇게 열심히 살아온 결과 좋은 기회가 왔을 때 그것을 자기 것으로 만든 사람들이었다.

결국, 내가 만나고 함께 한 사람들이 내 삶에 지대한 영향을 끼쳤다. 나는 비록 큰 인물이 되지 못했지만 그래도 살아오면서 많은 소중한 사람들을 만났고 그들이 나에게 남긴 교훈 덕분에 지금 이 글을 쓸 수 있었다.

책임완수

"내가 다른 사람보다 일을 더 많이 한다고 월급을 더 주는 것도 아닌데."

월급쟁이들은 종종 푸념 섞인 말을 한다. 그러나 사실은 주인보다 더 열심히 일하고 주인보다 회사를 더 사랑하는 사람이 되면 주인조차 함부로 대하지 못하는 존재가 된다. 하지만 눈앞의 현실에 대한 불만만 가득 안고 살아가는 사람들이 많은 것도 현실이다.

"그건 안 되는데요."

상사의 말이 끝나기도 전에 부정적인 대답을 하는 직원이 있다. 반면 사장에게 올리는 보고서 하나에도 심혈을 기울이는 직원이 있다. 때로는 비서실과 운전기사를 통해 사장의 동선을 파악하고 자신의 행동을 그에 맞춰 연출하는 사람도 있으며 사장 가족의 입을 통해 좋은 이야기가 전해지도록 조심스럽게 노력하는 사람도 있다. 그러나 결국, 보이지 않는 곳에서 묵묵히 회사의 이익과 발전을 위해 최선을 다하는 모습이 사장의 마음을 움직인다.

직장생활 중 전해 내려오는 일화 중 하나가 있다. 대통령을 지낸

한 인물이 현대건설 직원 시절, 태국 고속도로 현장에서 일어난 이야기다. 정오를 넘기며 스콜이 지나가던 시간, 정주영 회장은 점심을 마치고 사무실에서 쉬고 있었다. 그때 빗속을 뚫고 우의도 없이 뛰어다니며 운동장에 있는 자재에 천막을 덮고 있는 그의 모습을 보고 정주영 회장은 크게 감동했다.

시간이 흘러, 현지 근로자들이 임금 문제로 사무실을 습격했을 때, 모두 도망가던 와중에도 그는 끝까지 남아 금고를 지켰다. 그 일은 정 회장의 기억에 깊게 남았고 훗날 그를 크게 평가하게 만든 사건이 되었다.

이렇듯 월급쟁이라도 주인 의식으로 최선을 다하면 진정한 큰 사람이 되는 것이다. 이런 정신은 정규직에게만 해당되는 일이 아니다. 비정규직이라도 자신의 일을 목숨 걸고 책임지는 사람이 있다.

서울지하철 공사현장에서 있었던 일이다. 지하철 현장은 공사현장 중에서도 가장 위험한 곳 중 하나다. 작업장 폭이 넓고 유동인구의 접근이 쉬워 통제가 어렵다. 복공판을 열어 놓고 공사를 해야 하기에 개구부가 생기고 이를 제때 덮지 않으면 추락사고가 발생할 수 있다. 복공판 위에서는 절대 뒷걸음질하거나 뛰지 말라고 교육하는 이유다.

또한, 30여 미터를 파 내려간 밑바닥에서는 토압을 버티기 위해 강재 보강작업이 이루어지는데 위에서 낙하물이 떨어지기 쉬워 안전모 착용은 필수다. 그러나 불편함을 이유로 안전모를 쓰지 않으려는 이들도 있다. 이럴 때는 농담처럼 "돌대가리니까 안전모 필요 없나 봐."라고 핀잔을 주기도 한다.

가장 위험한 경우는 술에 취한 행인이 무심코 작업장에 들어와 사고를 당하는 경우다. 이를 막기 위해 많은 현장에서 경비원을 둔다.

어느 날, 창업주의 아들이 부사장으로 있는 회사의 지하철 공사현장에서 사건이 일어났다. 술을 마시고 길을 걷던 부사장이 자사 현장에서 야간작업이 이뤄지고 있는 걸 보고 호기심에 다가갔다. 경비원은 그를 막았다.

"잠깐! 누구세요? 여기는 민간인 출입금지 구역입니다."
"나 부사장인데 들어가야겠어."
술에 취한 부사장은 억지를 부렸다. 경비원은 단호했다.
"우리 회사 부사장님은 저녁에 술 먹고 이런 곳에 오실 리 없습니다. 거짓말 하지 마시고 빨리 돌아가세요."

언쟁이 심해지면서 부사장을 밀치고 말았다. 경비원은 사무실로 무전을 보냈다. 당직자가 달려 나와 확인해보니 정말 부사장이었다. "부사장님 어인 일이십니까?" 인사를 하니 "술 한 잔 하고 지나다 보니 우리 현장이라서 들어가려는 했는데 내가 잘못한 것 같구면." 하고 창피했는지 택시를 타고 조용히 떠났다,

이 사실을 소장에게 보고하고 본사 담당임원에게까지 보고가 되어 현장에 비상이 걸렸다.

다음날, 본사에 출근한 부사장을 현장소장이 머리를 조아리며 맞이했다.

"어제 일은 정말 죄송합니다."
하지만 부사장은 웃으며 말했다.
"아닙니다. 제가 잘못한 거죠. 술 먹고 현장에 들른 게 실수였습니다. 오히려 경비 아저씨는 아주 잘하셨습니다."

그리고 인사부에 전화를 걸어 말했다.

"어제 지하철 현장에서 야간 근무했던 경비아저씨를 본사 경비 책임자로 추천합니다."

결국, 그 경비원은 본사 건물의 경비 책임자로 발령받게 되었다.

이런 유사한 일은 지하철 공사현장에서 종종 일어난다. 부산지하철공사 본부에서도 건설국장이 새벽에 몰래 현장을 돌고 아침에 감독들과 대화하면 현장을 자주 가지 않는 감독을 가려내곤 했다. 이에 경비 아저씨들이 국장의 지나간 흔적을 발견하면 감독에게 바로 보고하는 체계까지 만들어질 정도였다.

조직의 책임자는 자신보다 더 열심히 일하는 직원을 좋아한다. 직원들이 모여 잡담을 하거나 사적인 전화를 하는 것은 쉽게 눈에 띈다. 반면, 휴지 하나라도 주워 정리하는 직원의 모습은 영원히 잊지 못한다.

회사를 내 집처럼 여기고 최선을 다하는 마음, 결국 그것이 회사와 직원이 함께 살아가는 길이 아닐까 생각한다.

작은 일에도 최선을

학교를 졸업하고 사회에 첫발을 내디디면 누구나 한 번쯤은 놀라게 된다. 처음 맡게 되는 업무가 너무나 쉽고 평범하기 때문이다. 특히 이공계통의 기술직들은 학교에서 배운 복잡한 이론과 건설현장에서 실제로 이루어지는 작업 사이의 간극에 적응하지 못해 한동안 혼란을 겪기도 한다. 학교에서는 어려운 방정식, 미분, 적분에 매달렸지만 현장에서는 가감승제와 루트 계산만 알아도 업무에 큰 지장이 없는 경우가 많기 때문이다.

물론 측량을 할 때 삼각함수가 등장하긴 하지만 요즘은 기기가 발전하여 사용법만 알면 계기판을 몇 번 누르는 것으로 해결할 수 있다. 초등학교 4학년 수준의 수학으로도 현장의 실무를 충분히 처리할 수 있다는 사실에 때때로 그 긴 시간과 노력을 투자해 공부한 것이 억울하게 느껴질 때도 있다.

현장에서는 5%는 지시하고 95%는 확인하는 일의 연속이다. 내 지시가 작업인부에게 정확히 전달되어 지시한 대로 작업이 이루어지고 있는지 끊임없이 확인해야 한다. 이런 일상 속에서 맥이 빠지는 것은 당연한 일이다. 상급자는 종종 신입사원에 대해 "차분하지 못하고 사려 깊지 않으며 덤벙대고 지구력도 부족하다."며 불만을 토로하기도 한다. 아마도 이는 학교에서는 '아는 것'이 중요한 평가 기준이라면 사회에서는 '할 수 있는 것'이 평가 기준이 되기 때문일 것이다.

현장에서 보고서를 작성할 때도 단순히 문제점을 나열하는데 그친다면 좋은 평가를 받지 못한다. 문제의 본질을 정확히 짚어내고 대처 방안을 구체적으로 제시해 회사가 손해를 입지 않게 하고 이미지를 보호할 수 있도록 보고해야 비로소 승인이 쉽게 떨어진다.

학교에서는 단순 과정만 익히면 되지만 사회에서는 복합적 사고가 필요하다. 문제를 합리적으로 해결하고 서로가 윈-윈할 수 있도록 만드는 능력이 중요하다. 내 인간성과 신뢰를 바탕으로 법과 논리, 심리를 적절히 활용하여 어려운 상황조차 내 편으로 돌릴 줄 아는 사람이 되어야 한다.

시키는 일만 잘하는 것은 사원 시절의 태도다. 그러나 시키지 않은 일까지 미리 생각하고 일이 끝난 후 파생될 효과까지 염두에 두고 행동하는 사람은 직장에서 반드시 인정받게 된다. 상급자는 귀찮고 성가신 존재처럼 느껴질 때가 있지만 결국 나를 성장시키는 데 가장 큰 역할을 하는 사람이다. 사람과 사람의 관계는 단순한 수학 공식처럼 계산할 수 없다. 말하는 태도, 말하지 않은 이면까지 읽어야 신임을 얻을 수 있다. 그리고 한번 얻은 신임은 오래 간다.

대학을 우수한 성적으로 졸업하고 입사한 어느 사원이 있었다. 그가 처음 맡은 일은 매일 서류를 복사하고 서류에 직인을 찍는 일이었다. 가끔은 커피 심부름까지 했다. 어렵게 대학을 졸업했는데 겨우 복사나 하고 있다는 사실에 실망할 법도 했다. 그러나 그는 복사를 할 때에도 최선을 다했다. 원본을 정확히 놓고 불빛이 새어 나오지 않도록 세심히 신경 썼다. 복사속도 역시 지시자가 요구하는 시간 안에 맞췄다. 시간이 지나면서 복사본과 원본을 구분할 수 없을 정도로 실력이 늘었고 직인을 찍을 때도 서류의 모양새를 세심하게 맞추어 보냈다.

그렇게 회사에서 '복사와 직인 찍기는 A가 최고'라는 평판을 얻게 되었다. 사소한 일을 완벽히 해내는 사람은 결국 다른 일에서도 인정받는다. 그녀는 새로운 업무를 맡게 되었고 끝없이 아이디어를 내며 최선을 다했다. 결국, 여자로서는 최초로 대기업 S사의 임원 자리에 오르게 되었다. 작은 일을 소홀히 하는 사람은 큰 성공을 이루기 어렵다는 사실을 다시금 느끼게 해주는 이야기다.

또 다른 이야기다. B라는 사람은 시골 면사무소에서 일했다. 성격이 원만하고 부지런하여 사람들과 어울리기를 좋아하던 그는, 누가 하려 하지 않는 일도 기꺼이 맡았다. 군청에 서류를 전달하는 일도 마다하지 않았다. 덕분에 군청 사람들 사이에서도 그의 성실함과 부지런함은 점차 인정받게 되었다.

어느 해 군수가 면사무소를 초도순시하던 중, 직원들에게 애로사항을 물었다. B는 주저하지 않고 손을 들었다.

"군수님, 저는 2년차 산업직 직원입니다. 부모님의 성화로 장가를 가야 하는데 면서기라고 하면 시집오려는 사람이 없습니다. 군청에 1년만 파견해 주시면 신부를 구하고 다시 돌아오겠습니다."

뜻밖의 요청에 군수는 웃으며 허락했고 그는 군청 근무를 시작하게 되었다. 그리고 3개월 뒤, 정식으로 군청 요직에 발탁되었다. 사전에 성실함을 보여줬고 막상 일을 맡겨보니 능력도 출중했기 때문이다.

그 후 그는 도청 문을 두드렸고 결국 행정자치부까지 올라가는데 8년이 걸렸다. 지방자치제가 도입된 이후에는 민선 도지사로 선출되어 성공적으로 직무를 수행했다. 이 모든 것은 결정적인 순간에 용기를 내어 말할 줄 아는 배짱, 그리고 평소에 쌓아온 근면함과 깔끔한 업무 처리가 있었기에 가능했다.

삶은 각본 없는 연극일지도 모른다. 가끔은 자신을 포장해 보여야 할 때도 있지만 결국 중요한 것은 빈틈없는 준비다. 경쟁자를 끌어내려 자신을 돋보이게 하는 방법도 있고 묵묵히 자신의 일을 성실히 수행해 인정받는 길도 있다. 전자는 반응이 빠르지만 오래 가지 않고 후자는 시간이 걸리지만 한 번 신임을 얻으면 오랫동안 지속된다.

이 작은 차이가 사람의 운명을 가르기도 한다.

믿음을 주는 사람

좋은 회사는 어떤 회사일까.

많은 사람들은 규모가 큰 회사, 혹은 여러 회사를 거느린 그룹에 속한 회사를 좋은 회사라고 생각한다. 규모가 크면 안정적이고 조직적으로 운영될 것 같고 수명도 오래갈 것이라는 믿음이 있기 때문이다. 하지만 현실은 그렇지 않다. 통계에 따르면 우리나라 기업의 평균 수명은 20년이 채 되지 않는다고 한다. 앞으로는 이 수명이 더욱 짧아질 것이라는 예측도 나온다.

또한 안정된 회사에는 좋은 인재들이 몰려 치열한 경쟁이 벌어지기 마련이다. 그만큼 마음 편할 날이 없을 것이고 월급을 많이 준다고 해도 기업의 본질은 손해 보는 일을 하지 않는 만큼, 더 많은 일을 해야 하는 것이 당연하다. 육체적으로나 정신적으로 감내할 수 있는 자세가 되어야 버틸 수 있다. 게다가 대기업에서는 맡은 일이 세분화되어 전문가가 필요한 경우가 많기 때문에, 직장을 옮길 때 다른 곳에 적응하는 데도 어려움을 겪을 수가 있다.

이런 점을 생각하면 발전 가능성이 있는 규모가 작은 직장을 선택하는 것도 한 가지 현명한 방법이 아닐까 싶다.

　내 경험으로 비추어보면 좋은 회사란, 다니는 동안에도 자랑스럽고 퇴직한 뒤에도 그곳에 다녔던 것을 자랑스럽게 여길 수 있는 회사이어야 한다. 그리고 그런 회사를 만드는 결정적 요인은 바로 '좋은 사풍(社風)'이라고 생각한다.

　경영 방식은 유행에 따라 바뀐다. 넥타이 길이가 시대에 따라 길었다 짧아졌다 하는 것처럼 말이다. 그러나 좋은 회사는 언제나 사내 분위기가 밝고 활기가 넘치며 상하 간 수직적 의사소통은 물론, 동료와 고객 간의 소통까지 원활하게 이루어진다. 팀워크가 자연스럽게 이루어지는 회사야말로 좋은 회사다.

　특히 현장을 중시하는 가치관이 경영의 뿌리처럼 깊게 박혀 있고 위에서 아래로 내려오는 지시나 아래에서 위로 올라가는 의견이 절묘하게 조화를 이루는 곳이라면 더욱 그렇다. 많은 직원에게 골고루 기회가 주어지는 회사라면 더 말할 나위가 없다. 이 모든 분위기를 조성하는데 CEO와 임원들의 역할은 절대적이다. 한마디로 조직은 일하지 않고는 견디지 못할 만큼 활기차야 하고 일을 하고 난 후에는 성취감과 보람을 느낄 수 있어야 한다고 생각한다.

　특히 토목 기술자가 가장 어려움을 겪는 곳이 있다면, 바로 지하철 공사현장이다. 자연과 싸워야 하고 지하 30미터 이상을 굴착하다 보면 지하수 흐름을 차단하는 것이 쉽지 않다. 물길이 바뀌면서 지반이 내려앉아 민원이 끊이지 않는다. 터널 공사는 더욱 어렵다. 단층지대를 통과할 때에는 물이 암반의 갈라진 틈으로 흘러들기 때문에 특별히 주의를 기울여야 한다.

　가장 골치 아픈 것은 역시 민원이다. 돌을 깨야 하니 강한 충격을 가해야 하고 그 소리와 진동에 시민들은 민감하게 반응한다. 땅속의 물이 빠져나가면 지반이 불균형하게 내려앉아 집이 기울고 벽에 금이 가는 일도 생긴다.

안전사고는 예고 없이 찾아오는 것이 아니기에 평소 철저한 점검이 필수다. 비가 온 후에는 지하수가 유입되어 토압이 증가하고 강재에 무리가 가며 볼트가 터지는 소리가 들리기도 한다. 이를 즉시 발견해 조치해야 사고를 막을 수 있다. 특히 24시간 돌아가는 현장에서는 야간근무도 많다.

지하철 현장에서 있었던 일이다. 철야작업을 마친 한 직원이 주간 작업자에게 인수인계를 하기 위해 현장을 점검하고 나오는 모습을 부사장이 우연히 보게 되었다. 지하수에 젖은 장화를 신고 초췌한 얼굴로 올라오는 그의 모습이 부사장의 눈에 들어왔다. 터널 안에서 떨어지는 지하수가 옷을 적시고 가시설 사이를 다니다 보면 녹물이 옷에 묻어 땀으로 작업복은 흠뻑 젖어 있었다.

사무실로 돌아간 부사장은 비서와 운전기사를 시켜 시장에서 한우 사골과 갈비 한 짝을 사서 직원의 집으로 보내게 했다. "몸이 안 좋아 보이니 잘 먹이라."는 따뜻한 마음을 담아서….

직원의 아내는 그 정성에 큰 감동을 받았다.

내가 모셨던 사장님 중에는 특별한 이력을 가진 분이 계셨다. 정치외교학과를 졸업하고 인문계 고등학교를 나온 기술자와는 거리가 먼 길을 걸어온 분이었다. 그러나 건축현장에서 잔뼈가 굵어 건축시공기술사 자격도 취득하고 호텔 시공 전문 기술자로 자리 잡은 분이었다. 해운대 '오션타워'가 그분이 마지막으로 시공한 건축물이다.

그 사장님은 직원들의 생일을 일주일 전부터 챙겼다. 인사과의 공식 기록과는 별도로 사장실에는 800여 명의 직원 인사카드가 비치되어 있었다. 그는 아침 일찍 출근해 다가오는 직원들의 생일에 맞춰 손수 편지를 썼다.

직원들의 가족 이야기, 1년간의 변화 그리고 회사에서의 성과를 언급하며 격려와 희망을 담아 쓴 그 편지는 직원 가족들에게 전달되었다. 가장 먼저 감동을 받은 것은 아내였다. 남편이 힘든 곳에서 일한다는 생각만 하던 부인들은 사장님의 손편지를 받고 남편을 자랑스럽게 여겼다. 야근이 잦아도 불평이 줄어들었고 내조가 두터워졌다.

부모님이나 처가 식구들 또한 아들, 사위가 사장님으로부터 인정을 받는다는 사실에 대견해했다. 직원 한 사람 한 사람에게 감동을 주었던 이 작은 정성이 회사 전체의 충성심을 끌어올린 것이다.

회사를 다니며 깨달았다. 사장님으로부터 진심어린 인정을 받으면 누구라도 불 속에 뛰어들 용기가 생긴다. 어떤 어려움이 다가와도 사장님보다 더 주인의식을 갖고 회사를 위해 일을 하게 된다.

지금은 시대가 많이 달라졌지만 사람을 움직이는 기본은 변하지 않는다. 회사 안에는 때로는 시어머니 역할을 하는 사람도 필요하지만 CEO는 돈이 들지 않는 것으로도 직원들을 고루 감동시켜야 한다.

직원들에게 따뜻한 감동을 주는 리더야말로 어떤 어려운 시기에도 회사를 크게 성장시킬 수 있는 사람이었다.

이름을 기억해주는 사람

성공한 사람은 많은 사람과의 만남에서부터 시작된다.

처음 만난 사람의 이름을 기억하고 그때 나눈 이야기를 연계해 다시 만났을 때 자연스럽게 대화를 이어갈 수 있다면 이미 사업 성공의 50%는 보장받은 것과 다름없다고 생각한다.

우리는 통상 "어디에 사는 누구입니다."라고 인사를 주고받지만 시간이 지나 그 사람의 이름을 기억한다는 것은 결코 쉬운 일이 아니다. 그래서 명함을 건네기도 하고 그조차 부족하다고 생각한 사람들은 명함에 얼굴 사진까지 넣는다. 이렇게 상대를 기억하려는 작은 노력이 사회생활에서는 큰 힘이 된다는 생각이 든다.

내 경우를 돌아보면 가끔 우리 집 전화번호조차 헷갈리곤 하니 사람 이름을 기억하는 일이 얼마나 어려운지 짐작할 수 있을 것이다.

그럼에도 불구하고 사회생활을 하면서 누군가 내 이름을 기억해줄 때만큼 고마운 일도 없다. 이름을 기억하는 것은 결국 상대를 소중히 여긴다는 뜻이기 때문이다.

부산 동래구 대동병원 로터리 근처에 '로터리 양복점'이라는 곳이 있다. 요즘처럼 기성복이 대세인 시대에도 그곳은 여전히 양복점을 운영하고 있다. 이 양복점 사장님의 장점은 3년 전에 한 번 다녀간 손님이라도 이름과 함께 나눴던 대화를 기억해낸다는 것이다. 손님이 문을 열고 들어서면 이름을 부르며 환영하고 과거 기록을 꺼내 치수를 비교해가며 다시 양복을 맞춰준다. 이런 세심한 기억과 배려 덕분에 많은 사람들이 여전히 그곳을 찾는다.

건설현장에서도 비슷한 일이 있다.

현장에서는 안전을 위해 반드시 안전모를 착용해야 한다. 그러나 작업이 불편하다는 이유로 안전모를 꺼리는 인부들도 많다. 이때 안전담당 직원이 이름을 부르며 다정하게 "홍길동 씨, 안전모를 써야죠. 머리가 쇠보다 단단하면 몰라도요."

이렇게 말하면 인부들도 웃으며 고개를 끄덕이며 착용하게 된다. 그러나 거칠게, "이봐요, 왜 안전모 안 써?"라고 지적하면 오히려 인부들이 반발하고 언쟁이 붙기 마련이다.

우리나라 대형 건설회사들은 국내는 물론 해외로도 진출해 있어 직원 관리가 쉽지 않다. 국내 현장만 해도 전국 각지에 흩어져 있으니 본사 임원들이 모든 직원을 기억하기란 불가능에 가깝다.

K건설의 P지사에는 5개의 현장이 있었다. 이 지사의 책임자는 부사장급이었는데 시골 출신답게 사람을 대하는 처신의 달인이었다. 현장 방문을 앞두고 그는 항상 기구 조직표를 꺼내 하위직 직원들의 이름을 외우고 인사기록카드를 통해 개인 신상명세를 꼼꼼히 파악했다.

현장에 도착하면 외워온 이름으로 자연스럽게 다가가 말을 건넸다.

"홍길동 기사, 이제 현장에 잘 적응했지? 입사한 지 일 년 넘었나? 고향에 계신 부모님이 결혼하라고 하실 텐데 색시 없으면 내가 중매해 주고."

이렇게 다정하게 말을 건네면 홍길동 기사는 깜짝 놀란다.

"아니, 부사장님이 내 이름을 기억하시다니."

감동하지 않을 수가 없다. 물론 돌아서면 부사장님은 이름을 잊어버릴지도 모른다. 그러나 직원 입장에서는 잊지 못할 따뜻한 기억이 된다.

이런 상급자는 아래 사람을 질책하기보다는 문제가 생기기 전에 관대하게 품고 자연스럽게 자신의 생각을 심어 직원들을 큰 일꾼으로 키운다. 그래서 이 지사장은 항상 본사 직할 현장보다 더 높은 실적을 올려 모범사례로 손꼽히는 사람이었다.

장사는 혼자 하지만 기업은 다르다.

사장을 대신해 직원이 사장보다 더 주인처럼 일할 때 비로소 회사는 성장한다. 그리고 그 시작은 징기스칸처럼 이름을 불러주는 작은 배려에서 시작된다고 생각한다.

직원들의 마음을 세심히 살피고 사전에 애로사항을 풀어주는 것, 그것이야말로 조직을 이끄는 리더의 첫 번째 의무일 것이다.

어려운 시기에 직원 모두가 가족처럼 똘똘 뭉친다면 운명처럼 다가온 경제적 시련도 능히 이겨낼 수 있으리라는 생각이 든다.

노후 삶

"사람은 산 대로 말하고 말한 대로 산다."고 한다.

오랫동안 직업 때문에 익힌 습관이 행동으로 굳어지고 말도 반복하다 보면 믿음이 생기고 그것이 신념으로 변해 결국 말한 대로 이루어진다는 이야기일 것이다. 그래서 글을 쓰는 사람은 글 쓰는 사람처럼 보이고 군인은 퇴직 후에도 군인처럼 보이는가 보다.

우리가 살아가면서 자기가 하고 싶은 일을 직업으로 삼고, 그 일을 통해 주위로부터 인정을 받는다면 이보다 더 행복한 일은 없을 것이다.

다만 이렇게 열심히 사는 동안, 한 번뿐인 삶을 보다 아기자기하고 효율적으로 살아가려는 생각은 의외로 하지 않는 것 같다. 모두가 성공을 꿈꾸지만 정작 성공 이후의 삶을 어떻게 살아갈지에 대한 고민은 소홀히 여기는 경우가 많다. 자신의 시간을 어떻게 관리할 것인가에 대한 관심도 부족해 보인다.

세상에는 가진 것이 많고 지위가 높으면 잘 사는 것처럼 보이지만 그들 또한 저마다 더 큰 걱정을 안고 산다. 반대로 가진 것이 없거나 배우지 못한 사람도 반드시 불행한 것은 아니다. 결국 어떻게 사는 것이 바른 삶인가에 대해 혼란스러워질 때가 많다.

어느 글에서는 "거지도 자기가 원해서 하는 것이라면 좋은 직업이다."라고 했다. 이런 말을 들으면 더욱 생각이 복잡해진다.

얼마 전, 90세가 된 한 할아버지가 자신의 시간 관리를 잘못하여 후회한다는 글을 인터넷에서 본 적이 있다. 그는 직장에서 열심히 일해 승진을 거듭하고 남들이 부러워할 만큼 성공적인 커리어를 쌓았다. 정년퇴직 후에는 모아둔 자금으로 아내와 함께 조용한 전원생활을 시작했다. 하지만 어느덧 30년이 지나 90세가 되었을 때, 그는 문득 깨달았다. 퇴직 이후 30년 동안 별다른 의미 없이 허송세월을 보냈다는 사실을. 그래서 더 늦기 전에 무언가를 시작하려고 영어학원에 등록했다고 한다.

이렇듯 정년 이후의 삶을 어떻게 살아갈지 준비하지 않는다면, 언젠가 후회하지 않으리라는 보장이 없다. 앞으로는 인간의 수명이 더욱 길어질 것이라고 하니 더더욱 그렇다.

영어로 '퇴직'을 의미하는 'Retire'라는 단어를 보면 타이어를 새로 갈아 끼우고 다시 출발하는 느낌이 든다. '은퇴'라는 단어보다는 훨씬 적극적이고 긍정적인 뉘앙스가 담긴 표현이라 생각된다.

나는 45세에 인생의 여정표를 작성했다. 크게 세 단계로 나누었다.

첫째, 부모님의 도움을 받아 살아가는 시기를 25세까지로 정했다.

둘째, 직장 생활을 하며 가정을 꾸리고 가장으로서 의무를 다해야 하는 시기를 50세까지로 잡았다.

셋째, 인생의 마지막 단계로 50세부터는 내 삶의 주인공이 되어 살아가는 시기로 삼았다. 목표는 75세까지였고 그 이후 7년 반은 하늘이 부를 때까지 귀천을 준비하는 시간으로 정했다.

총 82년 6개월을 짜임새 있게 살기로 한 것이다.

이제 중요한 것은 3단계, 즉 말년의 삶을 어떻게 살 것인가 하는 문제다. 젊은 시절에는 가족을 위해 열심히 일했지만 이제부터는 내 삶의 가치관을 지키며 하고 싶은 일을 하며 살아야 한다고 생각했다.

사람마다 취미와 소질이 다르니 무엇이 정답이라고 할 수는 없다. 그러나 젊었을 때 못 했던 일이나 직장생활 때문에 미루었던 일에 시간을 투자해보는 것도 의미 있는 삶이 될 수 있다고 생각했다. 자녀들이 이미 자리를 잡고 있다면 더욱 가볍고 자유롭게 계획을 실행할 수 있을 것이다.

이 나이쯤 되면 하기 싫은 일은 돈을 준다 해도 하기 싫다. 반대로 하고 싶은 일은 어떤 어려움이 있어도 하게 된다. 이렇게 좋아하는 일에 몰두하다 보면 주변으로부터 초청을 받거나 봉사활동의 기회도 오게 마련이다.

소질은 중요하지 않았다. 관심이 있고 좋아하는 일이라면 준비하고 실행하면 된다.

조금 어렵더라도 포기할 일은 아니다.

성공한 사람들의 공통점은 자신이 좋아하는 일에 깊이 빠져 1만 시간쯤 투자하는 것이다. 그렇게 몰입하다 보면 어느 순간 '그 분야에서 좀 한다.'는 평가를 얻게 된다.

물론, 계획을 세웠다고 해서 모두 이루어지는 것은 아니다. 건설현장의 공정표도 수없이 변경되듯이 인생 여정표 또한 상황에 따라 수

정하며 가면 된다.

신문 방송 편성표에 '방송국 사정에 따라 프로그램이 변경될 수 있습니다'라는 문구가 있듯 우리의 삶도 그럴 수 있다.

생명은 조상이 물려준 유전인자에 의해 결정되지만 살아 있는 동안 하루하루를 어떻게 관리할지는 전적으로 내 몫이다. 하루하루를 내 뜻대로 의미 있게 살아간다면 그것이야말로 행복한 삶이 아닐까 싶다. 내 인생이니, 내 삶의 여정표를 짜고 계획된 삶을 살아보는 것도 좋은 일이라고 생각한다.

장자(莊子)의 생각은

 무리를 이끄는 사람에게는 지도자의 기질이 있어야 한다.
 지도자는 자신의 생각과 가치관으로 상대의 마음을 사로잡고, 하기 싫은 일조차 기꺼이 하게 만드는 마력을 지닌 사람이다. 빠른 정보를 바탕으로 정확한 판단을 내리고 실천에 있어서는 언제나 자신이 먼저 앞장선다. 그리고 이익이 돌아오면 미리 약속한 규정에 따라 공정하게 분배하는 것이 몸에 밴 사람이다.

 주인은 힘들어도 묵묵히 일하고 일거리가 없으면 찾아서 하며 없다면 스스로 만들어낸다.
 주인은 자신의 일을 틀림없이 마무리하고 누가 보건 보지 않건 땀 흘려 일한다.
 주인은 사람을 대할 때 주인처럼 대하며 우호적 관계를 만들어간다.
 주인은 늘 더 나은 방법을 고민하고 찾아낸다.
 주인은 문제가 생기면 남 탓이 아니라 내 탓으로 여긴다.

주인은 일을 즐긴다.

주인은 달력의 검은 글씨를 세며 머슴은 빨간 글씨를 찾는다.

주인의 목표는 성취에 있고 머슴의 목표는 돈에 있다.

관념에 따라 생각도 다르고 추구하는 목적도 다르다. 머슴이 주인보다 더 주인다워야 주인에게 인정을 받는다. 머슴의 위치가 주인보다 커지면 주인조차 함부로 대할 수 없다.

옛 지주(地主) 사회에서 마름의 세도를 떠올려 보면 알 수 있다.

경영의 도(道)는 인생의 도(道)와 같다. 시류에 어긋나지 않는 눈으로 세상을 읽고 색깔 있는 배려를 실천할 줄 아는 주인이 되어야 한다. 주인이 가진 마음의 크기에 따라 기업의 성장 한계 또한 달라질 수밖에 없다.

회사를 지배하는 것은 학벌도, 돈도 아니다. 바른 생각으로 세상을 꿰뚫어 보고 그것을 실천하는 데 답이 있다. 망한 회사라고 해서 좋은 대학 출신이 없었던 것도 아니다.

고대 중국의 장자(莊子)는 도(道)를 어떤 대상을 바라거나 사유하지 않고 스스로 존재를 드러내는 천지만물의 근본 원리로 설명했다. 그는 인간의 마음도 환경과 시대에 따라 형성되며 외부와의 접촉을 통해 지식이 생긴다고 보았다.

장자가 전한 이야기 중 '대도론(大盜論)'이 있다.

산속에 살던 한 도둑은 도둑질을 하기 전에 철저한 정보 수집과 계획을 세웠다. 어느 집 어디에 금은보화가 있는지 정보를 입수하면 침입할 시기와 방법을 연구하고 집안 경계를 점검한 뒤 기능별로 사람을 모았다.

작전이 결정되면 가장 먼저 본인이 담을 넘어 동태를 살핀 후, 나머지 도둑들을 들어오도록 하였다. 집 안의 상황이 변하면 즉시 포기하거나 계속 진행할지 빠르게 판단했다. 포기할 줄 아는 것도 능력이라 여겼기 때문이다.

도둑질이 성공하면 약속한 규정에 따라 철저히 분배했다. 불만이 생기지 않으니 뒤탈도 없었다. 그래서 그는 끝내 잡히지 않는 유명한 도둑이 되었다고 전해진다.

비록 도둑 이야기지만 오늘날 사업을 하는 사람들에게도 적용할 만한 이야기다. 장사는 혼자 노력해서 이루는 업(業)이라면 사업은 나를 대신해 행동해 줄 사람들이 함께해야 이뤄지는 일이다. 직원의 마음을 얻지 못하고 혼자 이익만 추구한다면 종업원들의 마음은 자연히 멀어질 수밖에 없다.

사업을 하다 보면 지시를 따르지 않는 직원 때문에 속을 태우는 사장도 많다. 하지만 혹시 내 그릇된 행동으로 신임을 얻지 못하고 내 이익만 앞세운 것은 아니었는지 돌아봐야 한다.

종업원도 함께 생사고락을 나누는 가족 같은 존재다. 금전적 지원도 필요하겠지만 무엇보다 희망을 심어주는 일이 중요하다. 어려운 시기일수록 신임은 절대적이다.

직원 한 사람 한 사람이 "나는 사장으로부터 신임을 받고 있다."고 느낀다면 아무리 힘든 일이라도 솔선수범할 것이다.

그러나 한 사람에게만 정을 쏟는다면 조직은 곧 망가진다. 모든 직원에게 고루 그런 마음을 심어줄 수 있다면 직원들은 사장을 대신해, 아니 사장보다 더 깊은 애정으로 회사를 위해 일할 것이다.

그 방법을 찾아내는 것이야말로 사장이 해야 할 가장 중요한 일이다. 남들이 하지 못하는 직원을 감동시키는 나만의 노하우 하나만 있어도 회사를 키우는 데 큰 어려움은 없을 것이다.

어려운 시기에 더욱 절실히 필요한 것은 바로 사장의 세심한 배려다.

징기스칸이 전하는 말

아들아, 집안이 나쁘다고 탓하지 말아라.
나는 어려서 아버지를 잃고 고향에서 쫓겨났다.
가난하다고 말하지도 말아라.
나는 들쥐를 잡아먹으며 연명했고
내가 살던 땅에서는 시든 나무마다 비린내만 풍겼다.
작은 나라에서 태어났다고 탓하지도 말아라.
내가 세계를 정복할 때 동원한 몽골 병사는 적들의 1/100, 1/200 에 불과했다.
나는 글을 몰라 내 이름조차 쓸 줄 몰랐지만
남의 말에 항상 귀를 기울였다.
그런 내 귀가 나를 현명하게 가르쳐 주었다.
적은 밖에 있는 것이 아니라, 자신의 안에 있다.
나 자신을 이기자 나는 징기스칸이 되었다.

종교인의 시각으로 보면 징기스칸은 세계 역사상 3대 악당 중 하나일 것이다. 나폴레옹과 히틀러가 그 뒤를 있겠지만 오늘날 많은 사람들은 징기스칸을 영웅으로 기억한다.

그를 악당이라 부르는 이유는 수많은 사람을 죽였기 때문이고 그를 영웅으로 보는 이유는 극한의 역경 속에서도 자신을 극복하고 목적을 이룬 인물이라는 점 때문이다.

징기스칸이 글을 몰랐다는 것은 충격적이다. 그럼에도 그는 어떻게 적은 수의 병력으로 대군을 이기고 전략을 세워 승리할 수 있었을까?

몽골인의 삶 속에서 최대의 장점을 발견했다. 어려서부터 넓은 평원에서 말 타기를 즐긴 기마민족의 빠른 기동력을 이용했고 좋은 초지를 확보하기 위해 일상적으로 벌였던 다툼을 전략으로 승화시켰다. 또한, 전쟁에서 얻은 포로를 재교육하여 몽골군을 대신해 또 다른 적과 싸우게 하는 독특한 용병술도 그가 남긴 지혜다.

이러한 리더십은 오늘날 우리 삶의 현장에서도 적용할 수 있는 교훈이기에 사람들이 징기스칸을 높이 평가하는 이유일 것이다.

주변을 살펴보면 성공한 사람들 대부분이 오직 자신의 노력만으로 이룬 것은 아니다. 자신의 노력에 다른 사람들의 도움, 그리고 시대 흐름을 읽는 판단력이 더해져 목표를 이룬 것이다. 그 결과는 모두 성공한 사람의 손 안에 들어가게 된다.

지금 우리가 겪고 있는 어려움도 만약 견디지 못하고 방관해버린다면 참으로 안타까운 일이 아닐 수 없다. 자기 이름조차 쓰지 못했던 징기스칸도 남의 말을 귀 기울여 듣고 자신을 낮추어 길을 열었는데 배운 것도 많고 경험도 풍부한 우리가 이 정도 어려움에 굴복한다면 너무 억울하지 않겠는가.

'안 된다'고 생각하면 정말 안 된다. '된다고' 생각해도 어려운 판국에 '안 된다'고 단정 짓는 순간 모든 가능성은 사라진다. 실패가 끝이 아니라 포기가 끝이라는 말을 우리는 수없이 들어왔다. 용기를 잃지 않고 꿈을 품고 이 어려움을 반드시 이겨내야 한다.

세상에는 우리가 생각하는 것보다 주인 없는 돈이 훨씬 많이 돌고 있고 내가 일할 곳도 찾아보면 도처에 있다. 나는 땅을 밟고 있는 것이 아니라, 지구를 밟고 있다는 생각으로 살자. 작은 일에 연연하지 말고 큰 꿈을 품어보자.

"불황은 투자의 절호의 기회다."

유대인들이 남긴 이 말처럼 기회는 언제나 역경 속에 숨어 있다.

"베토벤은 48세에 음악가로서는 치명적인 청력을 상실했지만 이후 더 천재적인 음악을 탄생시켰다."

"꿀벌은 몸에 비해 날개가 너무 작아 날 수 없다고 하지만 꿀벌은 전혀 개의치 않고 꿀을 모은다."

"가수 인순이는 '날 수 없는 거위도 꿈을 향해 날 수 있다'고 노래했다."

세상은 꿈을 잃지 않고 끊임없이 도전하는 사람에 의해 만들어진다.

우리의 유전자에는 어려움을 이겨내는 놀라운 힘이 깃들어 있다. 주인보다 더 주인답게 일하고 시류에 어긋나지 않는 생각으로 일을 즐기며 그 일에 푹 빠져보자. 재미있게 일하다 보면 어려움은 반으로 줄어들고 피로도 늦게 온다. 자고 일어나 맞이하는 아침 햇살 속에서 다시 힘을 얻자. 이 위기를 지나고 나서 우리는 말할 수 있을 것이다.

"그까짓 것, 별거 아니었어."

징기스칸이 말했듯 자신을 이기면 징기스칸이 된다. 열심히 살다 보면, 반드시 좋은 날도 찾아올 것이다. 그 믿음을 품고 오늘을 살아가자.

바 존경하고 싶은 사람들

　살다 보면, 돈을 많이 벌어 재벌이 된 사람이나 중요한 보직에 올라 세상을 움직인 사람을 존경하게 되는 경우가 있다. 그들은 먼저 생각하고 행동하여 우리의 삶을 풍요롭게 해 주거나 사심을 버리고 깨끗한 마음으로 다수의 행복을 위해 노력한 사람들이었다. 물론 과정에서 무리수를 둔 경우도 있었겠지만 결과적으로 많은 이들이 그들의 혜택을 보게 된 것은 사실이다.
　우리나라 국민성 중에는 고약한 부분이 하나 있다. 열 가지 중 아홉 가지를 잘해도 한 가지만 잘못하면 그 사람을 나쁘게 말하는 경우다. 반면 외국에서는 열 가지 중 단 하나만 잘해도 그것을 부각시키고 칭찬한다고 한다.
　여기에서 소개하는 분들은 내가 직접 연구하거나 함께 시간을 보낸 사람은 아니다. 그러나 전해지는 이야기와 그분들의 삶을 통해 나는 그들을 존경하고 가슴 속에 품고 살아왔다. 살아가면서 마음속에 본받고 싶은 인물 하나쯤은 품고 살아야 하지 않을까 생각한다. 그런 분들이 있었기에 나도 이 험한 세상에서 도전하며 한 걸음을 내디딜 수 있었던 것 같다.

충무공 이순신 장군

1. 이순신 장군에 대한 소고

충무공 이순신 장군은 해전에서 군신(軍神)이라 불린다.

세계 해전사에서도 이순신 장군처럼 군신으로 추앙받는 인물은 드물다. 오직 그분이 살았던 이 땅에서만 그 공적이 온전히 인정받지 못하고 있다는 사실이 안타까울 뿐이다. 그러나 세계 곳곳에서는 이순신 장군을 해군의 신처럼 존경하고 있었다.

1964년 일본에서 발간된 『일·한·중 3국 연대 역사와 이론』이라는 책에는 러일전쟁 승전을 기념하는 연회에서 일본의 장수 도고가 한 기자의 질문에 답하는데 "영국의 넬슨 제독과 비교하면 자신은 어떤가요?"라는 질문에 도고는 이렇게 답했다.

"넬슨은 스페인의 무적함대와 비슷한 수준의 함대를 가지고 싸워서 이겼습니다. 하지만 우리는 러시아 발틱 함대의 3분의 1에 불과한 병력으로 싸워서 이겼습니다."

기자가 이어서 "그럼 조선의 이순신 장군과 비교하면 어떻습니까?"라고 묻자 도고는 고개를 숙이며 이렇게 말했다.

"이순신 장군이 군신이라면, 나는 고작 하사관에 불과합니다. 넬슨과의 비교는 몰라도 이순신 장군과 비교하는 것은 너무도 송구스럽습니다."

또한 일본의 역사소설가 시바 료타로가 쓴 『메이지라는 국가』에서도 비슷한 이야기가 전해진다. 쓰시마 해전 당시, 일본 해군 장교였던 미즈노 히로노리는 이순신 장군의 혼령에게 이기게 해달라고 기도했다고 한다. 전쟁 중 적국 장수였던 이순신에게 기도를 올렸다는 사실은 우리 가치관으로는 믿기 어려운 일이지만 그만큼 이순신 장군이 세계적으로도 존경받는 인물임을 보여준다.

사실 우리나라 문헌을 통해 이순신 장군의 진면목을 찾기란 쉽지 않다. 오히려 일본에서 이순신을 연구·분석한 자료를 통해 그분의 참 모습을 더 많이 알 수 있다는 점은 이 땅에 사는 후손으로서 부끄러운 일이다.

한산도 대첩에서 패한 일본 장수 와키자카는 전쟁에서 대패 후 6일간 식음을 전폐했다고 전한다. 그토록 분하고 원통했을까? 후에 와키자카는 자신의 회고록에 이렇게 남겼다.

"내가 가장 두려워하는 사람도 이순신, 가장 미워하는 사람도 이순신, 가장 좋아하는 사람도 이순신, 가장 흠숭하는 사람도 이순신이다. 평생 죽이고 싶은 이도 이순신이며 가장 차를 함께 마시고 싶은 이도 이순신이다."

지금도 와키자카의 후손들은 이순신 장군의 탄신일인 4월 28일 아산 현충사를 참배한다고 한다.

또한 『아시아의 역사를 바꾼 이순신』 집필에 참여한 중국 북경대학 장린 교수는 강의에서 이렇게 말했다.

"청나라가 망한 것은 단순히 아편 때문만도 황제 때문만도 아니다. 중국에는 주유 같은 장수가 있었지만 양자강 수군 장수에 불과했다. 만약 이순신처럼 해상 전투에 탁월한 해군 장수가 있었다면 유럽 함대의 침입을 막을 수 있었을 것이다."

임진왜란 때 명나라 장수 진린 역시 이순신 장군을 높이 평가했다. 전란 중 의견 충돌이 있었음에도 불구하고 명 황제에게 "조선 수군통제사 이순신을 요동으로 불러 적을 치게 하소서."라는 상소를 올리기도 했다.

이순신 장군은 가세가 기운 양반가에서 태어나, 어린 시절 충남 아산 외가에서 어렵게 성장했다. 28세에 무과에 응시했으나 낙마로 실패했고 32세에 어렵게 무과에 합격했으나 성적이 낮아 장교로 임관하지 못했다. 하사관에 해당하는 직급에서 군인 생활을 시작했으며 이후에도 여러 차례 변방으로 쫓기고 파직당하는 등 순탄치 않은 길을 걸었다.

45세가 되어서야 전라도 수군절도사에 임명되었고 48세에 임진왜란을 맞이하게 된다. 이후 23전 23승이라는 전설적 승리를 이룬다. 그러나 일본의 이간책에 말려 파직되어 옥고를 치르고 백의종군하게 되었고 12척의 배로 다시 전쟁에 나가 명량해전 대승을 이끌어냈다. 마지막으로 노량해전에서 대승을 거두고 전투 중 전사하여 54세에 생을 마감한다.

400년 전 시대를 감안하면 54세는 장수한 것이라 할 수 있다. 그러나 민족은 영웅을 잃었고 후손들은 영원히 그의 충정과 희생을 기억하게 되었다.

이순신 장군의 삶을 보면 주군으로부터 인정받지 못하면서도 온 힘을 다해 조국을 지킨 충정이 읽힌다. 자신의 존재를 인정받지 못한 채, 나라를 위해 백성을 위해 싸운 것이다.

우리는 종종 자신의 위치나 대우에 불만을 품곤 한다. 그러나 충무공 이순신 장군을 생각하면 우울해할 이유가 없다. 묵묵히 맡은 임무를 다하고 성실히 앞선 마음으로 노력한다면 언젠가는 반드시 빛을 발하게 될 것이다.

오늘도 우리는 게으름이나 편견으로 인해 사실을 바로 보지 못하는 우를 범하고 있지는 않은지, 다시 한 번 이 순신 장군의 생애를 떠올려야 할 때다.

*참고: 『일·한·중 3국 연대 역사와 이론』

2. 사가(史家)들이 보는 이순신

아바마마, 노여우십니까? 아니면 두려우십니까? 만약 두려우시다면, 주저하지 마시고 저들을 베시옵소서. 허나 노여우신 것이라면, 부디 저들을 용서하시고 다시 기회를 주시옵소서.

군왕은 충신에게 두려움을 품지 않는 법이옵니다. 군왕은 오직 나라의 안위가 크게 위협받을 때에만 두려움을 가져야 하옵니다.

만일 저들이 나라를 위태롭게 하려는 무리라면 어찌 그들을 아바마마의 신하라 할 수 있겠사옵니까? 허나, 제 아무리 충신이라 하더라도 때로는 군왕을 노엽게 할 수 있사옵니다.

나라를 지키는 길은 한 길만 있는 것이 아니니, 아바마마와 뜻을 달리할 수도 있을 것이옵니다. 그러나 그 방법이 다를지 언정, 모든 마음이 오직 조선의 안녕을 위한 것이라면 한 번쯤 그들을 품어주는 넉넉함을 보이심이 진정 군왕의 도리 아니겠사옵니까?

동서고금을 막론하고 성군들은 인재를 얻기 위해 정성을 다하였사옵니다. 좌상 류성룡 또한 아바마마께서 많은 고충을 감내하시며 얻으신 신하 아니었사옵니까? 이순신을 좌수사로 삼기 위해 감내하셨던 아바마마의 결단 또한 잊을 수 없사옵니다. 인재를 버리는 것은 한 순간이지만, 그런 인재를 다시 얻는 것은 평생을 두고도 쉽지 않은 일이옵니다.

아바마마께옵서 먼저 손을 내미시옵소서. 그러면 저들은 그 은혜에 신명을 다해 보답하고, 아바마마를 충성으로 보필할 것이옵니다.

2004년 9월 4일부터 2005년 8월 28일까지 KBS1에서 매주 토요일과 일요일 밤 9시 30분에 방영된 사극 『불멸의 이순신』에서는, 1594년 당항포 해전에서 이순신 장군이 일본 수군을 격파한 이후의 이야기가 그려졌다.

당시 명나라와 일본이 화친을 빌미로 전쟁이 잠시 소강상태에 접어들었으나 도요토미 히데요시가 조선을 다시 침략하기 위해 증원군을 파견한다는 정보가 입수되었다.

이에 선조는 이순신에게 부산 앞바다로 출진하여 왜군이 상륙하기 이전에 반드시 격파하라는 명령을 내렸다. 그러나 이순신이 신중한 판단 끝에 즉각 출병하지 않자, 선조는 이순신이 왕권에 도전하려는 것이라고 오해하고 윤두수에게 명하여 이순신을 조정으로 소환해 신문하게 하였다.

　이 명령이 내려지기 직전, 아직 어린 나이였던 광해군이 심약한 선조에게 아뢰었던 대화가 인상 깊게 그려진다.

　평소 광해군은 조선 역사 속에서 정신이 흐릿한 군주로 평가되기도 하지만 이 장면에서는 어린 나이에도 불구하고 국가 지도자가 갖추어야 할 덕목을 뚜렷이 이야기하는 모습을 볼 수 있었다. 당시 광해군의 이 고언은 진정한 국가의 미래를 염려하는 지도자의 올바른 자세가 무엇인지 다시금 생각하게 한다.

　가) 국가적 영웅 이순신에 대한 요약.
　1592년 4월 13일, 조선과 일본군 사이에 벌어진 부산진 전투 장면을 기록한 그림인 『부산진순절도』와 이순신 장군이 직접 기록한 일기 7권을 모아 엮은 『난중일기』는 오늘날까지도 귀중한 사료로 남아 있다.

　하지만 이순신 장군은 1576년 식년무과에 병과(丙科)로 합격했을 당시 이미 서른 둘이었다. 그것도 무과 합격자 중 최하위 등급으로, 종 9품(오늘날 하사급에 해당하는 직위)에 불과했다. 후일 영웅이 될 인물로서는 기대하기 어려운 출발이었다.

　이순신은 상관의 인사 청탁은 물론, 병조판서가 서녀를 첩으로 삼아주겠다는 제안까지 "권세에 의탁하여 승진할 수 없다."며 거절할 만큼 원칙에 충실했다. 그의 꼿꼿한 성품은 전라도 발포 만호(오늘날 중령급) 시절, 직속상관이었던 전라좌수사가 거문고를 만들겠다며 발포객사의 오동나무를 베어가려 했을 때 이를 끝까지 제지한 '오동나무 사건'에서도 잘 드러난다.

이런 일화들이 입소문을 타면서 점차 이순신의 이름이 알려졌지만 그의 관직 생활은 순탄하지 않았다.

38세 때 병기 관리를 소홀히 했다는 이유로 파직 당했으며 다행히 4개월 만에 복직했지만 종8품 훈련원 봉사(소위 바로 아래 직급)에 머물렀다. 같은 시기 신립과 이억기 등이 도호부사(준장 급)를 맡고 있었던 것과 비교하면 이순신은 관직에서 승승장구하는 인물과는 거리가 멀었다. 역사 연구자 김태훈 씨는 이를 '평범에서 비범으로' 라는 한마디로 요약했다.

1591년 2월, 임진왜란이 발발하기 1년 전, 이순신을 전라좌수사에 임명하는 문제로 조정은 시끄러웠다. 사간원은 '관작 남용'과 '요행 승진'이라며 이순신의 발탁을 반대했지만 선조는 이를 물리쳤다.

선조를 설득한 이는 유성룡이었다. 그는 선조에게 "신이 이순신과 같은 고을 출신이기에 그의 인품을 깊이 알고 있다."고 천거하였다(『선조실록』). 물론, 단순한 고향 인연만으로 전라좌수사에 발탁했다고 보기는 어렵다. 유성룡은 이순신의 강직한 성품과 뛰어난 자질을 높이 평가했기에 47세까지 지방 현감에 머물러 있던 그를 과감히 추천한 것이다.

이순신의 생애에서 원균을 빼놓고 이야기할 수는 없다. 전쟁 기간 내내 이 순신은 수많은 왜적과 싸우는 한편, 원균과의 반목, 그리고 조정의 끊임없는 불신과도 싸워야 했다.

정두희 교수는 "원균과의 관계를 이해하는 것이 이순신의 생애와 임진왜란 역사를 이해하는 데 필수적"이라고 강조한다.

『난중일기』에는 원균에 대한 언급이 무려 84회나 등장하며 특히 1593년과 1594년에 집중되어 있다.

당시 조선은 충청도, 전라좌우도, 경상좌우도 등 다섯 곳에 수군 절도사를 두고 있었다. 이순신은 전라좌수사로 여수에 본영을 두었고 원균은 경상우수사였다.

부산에 일본군이 침입하자 경상좌수사 휘하 수군은 궤멸 당했고 원균의 함대도 싸워보지도 못하고 전멸하다시피 했다. 경상도 수역을 방어할 수 없게 되자, 이순신은 본래 관할 구역을 넘어 경상도로 출동할 수밖에 없었다.

나라 전체 수군을 통일적으로 지휘하는 체계가 없었던 탓에 전라좌수사 이순신과 연장자인 원균 사이 충돌은 불가피했다. 이순신이 삼도수군통제사에 임명된 것은 전쟁 발발 후 1년이 지나서였다. 하지만 통제사가 된 이후에도 원균은 그의 지휘권을 인정하지 않았다.

임진왜란 첫 승전보는 1592년 5월 7일 옥포해전이다. 이순신은 원균의 구원 요청을 받고 경상도 바다로 출동하여 일본 함대를 격파했다.

유성룡은 『징비록』에서 "원균은 왜적의 형세에 겁을 먹고 싸우지 못해 전선 100여 척과 화포, 군기를 스스로 침몰시키고 부하들과 함께 달아났다."고 기록했다.

일본군이 부산에 출현한 것은 4월 13일이었고, 이순신이 이를 보고받은 것은 4월 15일이었다. 그러나 이순신의 첫 출동은 5월 4일이었다. 그 사이 조정은 서울을 버리고 평양으로 파천을 준비하고 있었다.

김태훈 씨는 이순신이 출동을 늦춘 이유를 방어선 구축과 병력 소집, 그리고 조정의 최종 명령을 기다린 때문이라고 설명한다.

4월 26일 좌부승지 민준으로부터 "도내 주장에게 전권을 맡긴다."

는 공문을 받고, 이순신은 신중을 기하며 기다렸다. 다음 날 급히 출동하라는 명령이 떨어졌으나 구원군 집결 문제로 5월 4일에야 여수를 출항하게 된다. 이 과정은 훗날 원균이 이순신을 공격하는 빌미가 된다.

김종대 씨는 "이순신은 500척에 달하는 일본 함대에 맞서기 위해 가능한 모든 정보수집과 준비를 다했다."고 평가한다. 그러나 김태훈 씨는 "어떤 이유든 4월 30일 출항을 머뭇거린 것은 사실"이라고 덧붙인다.

또한 4월 28일 원균이 보낸 긴급 원병요청서에는 "수군이 적선 10척을 분멸했으나 중과부적으로 본영이 함락됐다."고 적혀 있다. 이는 훗날 '원균 명장론'의 한 근거가 되기도 했다. 그러나 『징비록』이나 다른 기록들을 종합하면, 당시 원균은 별다른 전과 없이 패주했고 그의 승전설은 신빙성이 약하다는 평가가 지배적이다.

송우혜 씨 역시 "전투 자체에 대한 구체적 근거가 없다."고 지적했다. 이처럼 임란 초기 전투에 대한 모호한 기록들은 이순신과 원균 사이 갈등의 씨앗이 되었고 이후에도 조정 내 정치적 다툼 속에서 같은 일이 반복되었다.

1594년 장문포 작전 성공 후, 원균은 통제사 이순신을 제치고 독자적으로 조정에 보고했으며 이를 좌의정 김응남이 두둔하는 등 조정은 점차 원균을 편들게 된다. 이러한 분위기는 결국 이순신의 해임과 투옥, 그리고 정유재란 발발로 이어진다.

나) 이순신을 죽여야 할 이유

명나라와 일본이 강화협상을 진행하던 4년 동안 전쟁은 소강상태에 접어들었다. 이순신은 한산도에 1만 명 이상의 수군 병력을 집결시켜 일본군과 대치하였다. 이 시기, "한산 섬 달 밝은 밤에 수루에 혼자 앉아"로 시작하는 『한산도가』 역시 이순신이 지은 것으로 전해진다.

정유재란 직전인 1596년 12월, '부산 왜영 방화사건'이 발생했다. 거제 현령 안위 등이 기습 공격을 펼쳐 적의 집과 창고, 배를 불태우며 전공을 세웠고 이순신은 이들을 포상해줄 것을 조정에 청하는 장계를 올렸다.

그러나 바로 다음날, 이조좌랑 김신국의 장계가 도착했다. 그 내용은 "이 사건은 체찰사 이 원익이 군관 정 희현에게 명해 도모한 것으로 이순신은 그 내막을 모른 채 부하의 보고를 그대로 장계에 올렸다."는 것이었다.

평소 이순신을 높이 평가하던 이 원익이 일부러 이런 보고를 올릴 리는 없었기에 이는 단순한 오해이거나 절차상의 착오로 보인다.

오늘날 이 사건은 이 순신의 '실수'로 해석된다. 그러나 당시 조정과 선조의 입장에서는 심각한 문제였다.

김태훈 씨는 『그러나 이 순신이 있었다』에서 "애정 어린 시각으로 보면 실수로 볼 수 있으나 선조와 조정은 그렇게 너그럽지 않았다."고 설명한다.

선조가 이순신을 투옥할 때 지목한 세 가지 죄목 중 하나가 바로 이 사건, 즉 '조정을 속인 죄(無君之罪)'였다. 하지만 더욱 무거운 죄목은 '적을 쫓아 치지 않아 나라를 저버린 죄(負國之罪)'였다.

당시 고니시 유키나가의 통역을 맡던 요시라는 인물이 경상 우병사 김 응서를 찾아와 "고니시가 가토 기요마사와 사이가 좋지 않으니 가토가 바다를 건너올 시기를 알려 주겠다."고 정보를 흘렸다.

조정은 이를 믿고 이순신에게 출동을 명했으나 이순신은 움직이지 않았다. 조정은 크게 분노했고 도원수 권율이 직접 한산도로 내려가 출동을 재촉했지만 이미 가토 기요마사의 함대는 바다를 건넌 뒤였다.

『징비록』은 "이순신이 왜적의 간사한 반간계(反間計)를 의심하여 출병을 주저하였다."고 짤막하게 기록하고 있다. 그러나 선조와 조정은 이순신을 용서하지 않았다. 체포 명령이 내려졌고 원균이 삼도수군통제사로 임명되었다. 그로부터 몇 달 후 정유재란이 발발한다.

다) 한산도에서 4년을 버틴 까닭

그렇다면, 이순신은 왜 왕명을 거절했던 것일까? 정두희 교수는 이를 '기다림의 전략'이라 했고 김탁환 씨는 '실용정신'이라 표현했다.

정 교수는 "이순신의 소명의식은 잘못된 왕명에 복종하는 것보다 나라를 구하는데 있었다."고 말한다. "당시 조선군은 일본군에 비해 열세였다. 입을 벌리고 있는 악어의 목구멍 속에 조선군이 들어가 있는 형국이었다. 먼저 움직이는 쪽이 지는 싸움이었다. 가토를 잡으러 나가면 일본군이 뒤에서 덮칠 것이 분명했기에 이순신은 '버티는 쪽이 이긴다.'는 전략을 선택했다."고 설명했다.

김탁환 씨도 "이순신은 단순히 출동 명령을 거부한 것이 아니다. 승산 없는 전투를 피해 끝까지 나라를 살리려는 실용적인 선택을 했다."고 평가했다.

한편, 송우혜 씨는 이순신이 체포령을 알지 못한 채 1597년 2월 10일, 이미 부산포로 진격했다고 주장한다. 그날 이순신 함대는 미시

(오후 1시경) 부산 앞바다에 도착하여 적과 교전했고 절영도에 정박했다가 다음 날 다시 전투를 벌였다고 한다.(『선조실록』) 송 씨는 "당시 부산 전투에 대해 이순신 연구가들조차 정확히 파악하지 못하고 있다."고 지적했다.

김태훈 씨 역시 『선조수정실록』을 인용하며, "2월 부산 근처로 진주하여 적의 진로를 차단하려 했다."는 이순신의 장계가 있으나, 정확한 시점은 불분명하다고 밝혔다.

당시 전투 상황은 보고마다 내용이 달랐다. 도원수 권율마저 "보고와 정탐 보고가 크게 달라 매우 괴이하다."고 표현했다.

원균은 나중에 "전 통제사(이순신)가 조수에 걸려 움직이지 못하는 배 위에서 적에게 포위당했지만 부하가 구해 줘 겨우 빠져나왔다."고 보고했는데 이는 조정 내에서 이순신을 비웃는 소재로까지 번졌다.

결국 이순신이 부산의 적을 향해 나아가고 있을 때 이미 조정은 이순신에게 체포령을 내린 상태였다.

김 태훈 씨는 "이 순신이 조정의 불만을 잠재우려 부산에 출동했지만 이미 시기는 늦었고 결과는 혹독했다."고 평했다.

다) 선조는 왜 원균을 두둔했나?

이순신 재조명과 관련해 연구자들은 이순신과 원균의 반목 뒤에는 선조가 있었음을 강조한다. 전쟁 기간 내내 선조는 원균을 옹호했고 이 순신을 의심했다. 이순신의 전사와 더불어 전쟁이 끝나자 좌의정 이덕형은 선조에게 "정유년간 이순신을 통제사에서 해임하지 않았다면 이런 난리를 겪지 않았을 것"이라는 보고를 올렸다. 이 때에도 선조는 이순신의 전공을 선뜻 인정하기 어려웠고 "수군이 크게 이겼다는 말은 과장된 것이 아닐까 걱정된다."고 말할 정도였다. 전공(戰功)을 가려 공신을 선정할 때는 여러 신하의 반대에도 원균을 이순신, 권율과 함께 선무공신(무인으로서 가장 큰 공을 세운 사람)에 올렸다.

송우혜 씨는 "선조가 그런 오기를 부린 까닭은 조선사회의 관료문화와 제도에서 찾을 수 있다."고 설명한다. 조선시대에는 누군가의 천거를 받아 관직에 임명된 자가 죄를 범할 경우 그를 천거한 인물에게도 연좌제를 적용해 처벌했다. 그렇기 때문에 선조는 끝까지 '사람을 잘못 쓴 죄'를 인정하고 싶지 않았던 것이다.

정두희 교수는 "선조가 7년 전쟁 기간에 단 한 차례도 전선시찰을 하지 않았으며 나라보다 왕권에 더 관심이 많았다."고 평가한다. 임진왜란 때 선조에 대한 평가는 결코 후하지 않았다. 심지어 실록을 작성한 사관조차 선조의 말을 믿을 수 없다고 기록할 정도였다. 정유재란 막바지인 1598년 11월 7일 '선조실록'은 선조가 "친히 남하하여 군사와 민초의 사기를 진작시키겠다."고 하자 이에 대해 다음과 같은 의견을 달아놓았다.

"임진왜란 때는 흉봉이 경기도내에 이르지도 않아서 임금의 수레가 이미 서쪽으로 파천하였고 정유재란 때는 왜적이 겨우 남쪽 변방에 이르자 내전이 먼저 황해도로 옮겨갔다. 7년 동안 모든 것이 움츠려 구차하게 보전하려는 계책이었고 쇄신 분발하여 적을 섬멸하고 죽음을 두려워하지 않는 의리를 진작시키지 않았으니 지금 비록 남쪽으로 내려가겠다는 하교가 있지만 신은 믿어지지 않는다."

김탁환 씨도 "이 순신과 선조의 대립을 불편해 하는 사람이 많다. 그러나 이 순신을 둘러싼 갈등의 핵심은 선조에 있다. 이순신은 기본적으로 사람이었다. 그들은 왕도 틀릴 수 있다, 잘못된 판단을 하지 않도록 가르쳐야 한다고 믿었다. 이순신의 충(忠)이 임금을 향한 충이 아님을 선조도 알았고 그래서 '무군지죄'를 물어 죽이려 했던 것이다. 그 부분을 밝히지 않고는 이순신을 제대로 이해할 수 없다"고 말한다. 소설 '불멸'은 전쟁이 나자 이리저리 도망 다니면서도 '전제군주'로서의 위엄을 잃지 않으려는 선조와 승승장구하며 전쟁영웅으로 커가는 이 순신의 대립에 초점을 맞추고 있다. 그러나 두 사람이 한 번도 얼굴을 맞댄 적이 없다는 사실은 역사의 아이러니다.

라) 우리가 몰랐던 이순신

사화로 몰락한 가문에서 태어나 늦깎이로 무과에 급제하고 강직한 성품 탓에 관직생활 동안 세 번의 파직과 두 번의 백의종군을 거쳐 전사한 비운의 주인공. 23전 23승이라는 전적이 말해주는 승리의 화신. 우리가 흔히 알고 있는 이순신 장군의 모습이다.

그러나 새롭게 이순신 평전을 쓰는 사람들은 그동안 감춰졌던 이순신의 진면목을 세상에 드러내려 하고 있다.

"이순신은 마지막 전투(노량해전)만 제외하고, 모든 전투에서 시기와 장소를 골라 싸웠다. 즉, 적을 자신이 원하는 장소로 끌어들이고 원하는 시간에 전투를 벌였다. 전쟁의 반은 이미 승리하고 시작한 셈이다. 이를 위해 얼마나 많은 생각과 준비를 했겠는가. 이순신은 답답할 정도로 꼼꼼하고 섬세한 사람이었다. 평소에는 어머니처럼 자애롭지만 목숨을 걸어야 할 순간에는 엄청난 폭발력을 보여주었다. 이순신은 결코 비운의 주인공이 아니다. 그는 자신이 구상한 전

략을 100% 펼쳐보고 승리한 뒤 생을 마감한 사람이다." (정두희)

"이순신은 책임감의 화신이다. 그의 위대함은 거북선을 만들어 왜군을 무찌른 데 그치지 않는다. 노량해전에서는 명군(明軍)이 작전권을 쥐고 공격을 제지했음에도 이순신은 이를 어기고 스스로 공격을 감행했다. 그것은 무장으로서의 파격이자 책임감이었다. 이순신은 조선의 영웅을 넘어, 동아시아의 역사를 바꾼 인물이다." (한명기)

" '무(武)로써 문(文)을 이룬 자'라는 표현이야말로 이 순신을 가장 잘 설명할 수 있다. 동시대 사람들은 이순신의 전략을 이해하지 못했다. 아무도 시도하지 않은 전술을 펼쳤기 때문이다. 그래서 조정은 그를 '컨트롤'할 수 없었다. 전쟁이라는 극한 상황 속에서 한 인간이 어떻게 자신을 몰아가 영웅이 되는지를 '불멸'을 통해 그리고 싶었다." (김탁환)

"이순신 평전은 그의 사후 평가로만 끝낼 수 없다. 오늘날에도 이순신에 대한 논쟁이 계속되는 이유도 여기에 있다. 이것 또한 이순신의 삶이다." (송우혜)

'이순신과 7년 전쟁'에는 여전히 밝혀지지 않은 공백이 많다. 이순신의 생애가 어디까지 복원될 수 있을지는 지켜봐야 할 일이지만 아직 제대로 된 평전 한 권 없는 현실에서 드라마나 소설이 역사 인식을 왜곡하지 않을까 하는 우려도 크다.
"드라마와 소설은 어디까지나 픽션임을 잊지 말고 학계는 이처럼 중요한 인물에 대한 연구 부족을 뼈아프게 반성해야 한다."는 당부는 절실하게 다가온다.

전략과 통솔력 최고였던 영웅들. 전략과 통솔력 면에서 김유신과 이순신은 단연 으뜸이다. 다음으로 을지문덕과 왕건이 뒤를 잇는다. 김유신은 군사와 정치 양쪽을 섭렵한 인물이었다.

넓은 평야에서의 대결은 물론, 매복, 기습, 공성, 병참, 보급 등 현대적 개념의 전술을 종합적으로 구사했다. 특히 정보수집과 심리전, 위장전술에서도 능했다. 죽은 뒤에도 '왕'의 칭호를 받은 유일한 인물이라는 점은 그의 위상을 잘 보여준다.

이 순신 역시 탁월한 전술가였다. 그는 국가 전체를 움직일 위치는 아니었지만 자신에게 맡겨진 관할 영역 안에서는 단 하나의 실수도 용납하지 않는 철저한 승부사였다.

언제나 자신이 원하는 자리에서 전투를 벌였고 주도면밀한 준비로 단 한 번의 패배도 허락하지 않았다. 거북선도 그의 치밀한 전략의 산물이었다. 그는 적의 기함을 집중 공격해 상대의 사기를 꺾었고 잔적이라도 철저히 소탕했다. 이순신으로 인해 도요토미 히데요시가 조선 정복 계획을 포기할 정도였으니 그는 전략적인 승리를 이룬 것이다.

그는 정보수집과 심리전에도 뛰어났다. 연기를 피워 적의 시야를 가리고 부유물을 띄워 기만하는 등 다양한 전술을 활용했다.

마) 세계가 존경한 영웅

러일전쟁 승전 축하연에서 도고 제독은 기자의 찬사를 듣고 이렇게 답했다고 전해진다.

"나를 이순신 제독에 비교하지 말라. 그분은 전쟁의 신이다. 국가의 지원도 없이 훨씬 더 불리한 조건에서 매번 승리를 만들어냈다. 나를 이순신 제독에 비유하는 것은 신에 대한 모독이다."

도고 제독의 말은 단순한 미사여구가 아니었다.

일본 해군 소장 가와다 이사오가 쓴 『포탄을 뚫고』에도 이런 내용이 나온다.

"이순신 장군은 당시 조선에서 유일하게 청렴한 장군이었다. 그의 충성심과 전술, 전략 운영 능력은 최고의 경지에 이르렀다. 그러나 조선은 이 순신의 정신을 금세 잊어버렸고 38년 만에 병자호란을 다시 당했다."

실제로 메이지 유신 이후 일본 해군사관학교에서는 '이순신 전술'을 따로 가르쳤다. 도고 제독이 8년간 영국에서 넬슨 장군을 연구했음에도 마음속 우상은 언제나 이순신이었다고 한다.

마무리하며

1970년대에는 정권 차원에서 이순신을 충(忠)의 화신으로 지나치게 숭배했다. 1980년대에는 그 반작용으로 '원균 복권' 작업이 일어났고 1990년대에는 자살설, 은둔설 같은 미스터리도 떠돌았다.

그렇다면 21세기 이순신은 어떤 모습인가? 신화 속 존재가 아니라 인간 이순신. 치열한 현실 속에서 꿈을 품고 사명감을 지키며 살아간 이순신이다.

임진왜란은 결코 패배한 전쟁이 아니었다. 침략자의 의지를 꺾고 조국의 산하를 지킨 승리한 전쟁이었다. 세 번의 파직과 두 번의 백의종군에도 불굴의 의지로 나라를 지킨 이순신. 절망 속에서도 희망을 잃지 않고 끝내 역사를 바꾼 이 순신. 그는 오늘도 꿈꾸는 사람들의 영웅이다.

우리는 그의 삶을 통해 다시 한 번 우리의 꿈과 희망을 확인하게 된다.『불멸의 이순신』에 열광했던 이유다. 요즘 정치인들도 꼭 이순신의 생애를 다시 읽어보기를 바란다.

(참고:이선호 씨의 「이 순신 탄신 456주년을 보내며」를 재구성함)

나는 역사학자가 아니다. 그저 충무공 이순신을 존경하는 한국인의 한 사람일 뿐이다. 이순신에 대한 자료를 모으며 깨달았다. 한국보다 일본에서 이순신 연구가 더 활발하며 그를 존경하는 사람도 많다는 사실을….

혹시 위에 서술된 사실에 다소 오류가 있을지 모르지만 이 글이 이순신을 이해하고 존경하는 데 작은 도움이 되었으면 한다.

한국인으로 태어난 우리는 마음속에 단 한 사람이라도 품을 수 있는 인물을 가져야 한다. 그 인물의 발자취를 따라가며 자료를 모으는 일, 그것 또한 의미 있는 삶이 되지 않을까 생각해본다.

박정희 대통령

　박정희 대통령은 1917년 11월 14일 경상북도 구미에서 태어나, 대한민국 제5~9대 대통령을 역임한 인물이다.
　일제강점기 선산군 출신으로 호는 중수(中樹), 본관은 고령이며 종교는 불교였다. 증조부는 동지의금부사를 지냈고 부친은 영월군수를 지내 비교적 유복한 가정환경에서 성장하여 신교육을 받을 수 있었다. 구미보통학교, 대구사범학교를 거쳐 만주군관학교와 일본육군사관학교를 졸업했고 해방 후에는 육군사관학교 제2기로 편입, 졸업했다.
　군인으로서는 육군 제5사단장, 제7사단장, 육군 제2군 부사령관 등을 지냈고 5·16 군사정변을 주도한 뒤 국가재건최고회의 의장과 민주공화당 총재를 거쳐 대통령직에 올랐다.
　1944년에는 만주국 장교로 근무했으며 광복 이후 대한민국 국군 장교로 복무했다.
　1963년 제5대 대통령에 취임한 이후, 3선 개헌을 거쳐 1979년까지 장기 집권하였다.

1979년 10월, 중앙정보부장 김재규의 총격에 의해 생을 마감했다.

박정희 대통령은 통치 기간 동안 확고한 신념 아래 산업화와 경제성장을 적극 추진하였다. 초기에는 세 형의 영향을 받아 좌익사상에 빠진 적도 있었으나 이후 자유민주주의와 시장경제 체제를 지지하며 국가 발전을 이끌었다.

당시 야당의 반대와 사회적 갈등 속에서도 강력한 정책을 추진하여 경제개발 5개년 계획, 새마을운동 등을 통해 산업화를 가속화시켰다. 그 결과, 농업과 경공업 중심의 국가에서 중화학 공업 국가로 전환하는데 성공했으며, 오늘날 한국 경제 성장의 토대를 마련했다는 평가를 받는다.

특히 반도체, 조선, 자동차, 철강, 석유화학, 방위산업, 원자력 발전 등의 분야에서 세계적인 경쟁력을 갖추는 데 기초를 다졌다. 이 과정에서 현대그룹 정주영 회장, 삼성그룹 이병철 회장 등 민간 기업가들의 역할도 컸다.

박정희 시대의 새마을운동은 농촌 근대화와 생활환경 개선을 목표로 전개되었으며 국민들에게 '하면 된다'는 긍정적인 신념을 심어주는데 일정 부분 기여했다.

초가집 철거, 마을 도로 포장, 통일벼 보급 등은 농촌 사회의 변화를 가져왔으며 이 시기를 거치며 '빨리빨리' 문화가 한국 사회 전반에 퍼지기도 했다.

또한 산림녹화 사업을 통해 민둥산이 많던 국토를 녹지로 복구했고 이는 이후 삼림국가로 평가받는 기반이 되었다. 산림정책 성공에는 국민들의 생활수준 향상으로 인해 직접 연료를 채취할 필요가 줄어든 점도 영향을 미쳤다.

새마을운동은 이후 아시아를 넘어 개발도상국에 전파되었고 한국의 성공 사례로 주목받아 국제개발협력기구(KOICA) 등을 통해 확산되기도 했다. 이처럼 새마을운동은 경제성장과 더불어 한류와 함께 국제 사회에서 대한민국을 알리는 역할을 하게 되었다.

박정희 대통령에 대한 평가는 긍정과 부정이 공존한다. 한편으로는 산업화와 국가 성장의 기반을 마련한 지도자로 평가받지만 다른 한편으로는 권위주의적 통치와 인권 침해 문제에 대한 비판도 존재한다. 따라서 박정희 시대를 바라볼 때에는 당시의 사회적·역사적 맥락과 함께 공과를 균형 있게 이해하는 시각이 필요하다.

주요 업적 정리

1. 경제개발 5개년 계획

박정희 대통령은 1962년부터 1971년까지 경제개발 5개년 계획을 통해 한국 경제의 기초를 마련하였다. 이 계획은 농업 중심 경제를 산업 중심 경제로 전환하는 것을 목표로 했으며 결과적으로 한국은 급속한 경제성장을 이루었다. 중화학 공업 육성과 수출 주도형 경제정책은 이후 한국의 산업화를 가속화하는 데 중요한 역할을 했다.

2. 교육 제도 개혁

박정희 정부는 교육제도의 개혁을 통해 인재 양성에 주력했다. 과학기술 교육을 강화하고 고등교육의 질을 높이는 데 힘썼으며 해외에서 박사학위를 취득한 석학들을 초빙하여 한국과학기술원(KAIST) 설립에 기여했다. 이는 이후 정보통신, 반도체 등 첨단 산업 분야의 경쟁력 강화에 영향을 주었다.

3. 과학기술 발전 지원

과학기술 연구개발을 적극적으로 지원했다. 한국과학기술연구원(KIST)과 같은 연구기관을 설립하여 과학기술 기반을 다졌고 이로 인해 한국은 첨단 기술 분야에서 국제적 경쟁력을 갖추는 데 발판을 마련하게 되었다. 외국에 체류하던 석학들을 귀국시켜 연구를 촉진한 점도 주목할 만하다.

4. 인프라 구축

도로, 철도, 항만, 공항 등 국가 인프라를 대규모로 구축하였다. 경부고속도로 건설은 대표적인 사례로 당시 정치적 반대 속에서도 추진되어 국가 물류망을 연결하는 중요한 역할을 했다. 이후 한국은 남북과 동서를 연결하는 다양한 고속도로망을 확충해 나갔다.

5. 수출 주도형 경제정책

수출을 장려하는 정책을 통해 외화를 확보하고 경제 성장을 유도하였다. 한국은 지하자원이 부족한 환경에서도 제조업 기반을 강화하여 세계시장에서 경쟁력을 높였고 수출을 통한 경제 성장 모델을 성공적으로 구축하게 되었다.

6. 산업화 추진과 기반 조성

1970~80년대 박정희 정부 시기, 한국은 비약적인 산업화를 경험하였다. 석유화학, 조선, 자동차, 전자 등 중화학 공업이 본격적으로 성장하였고 이는 오늘날 한국이 경제 강국으로 자리매김하는 데 중요한 밑거름이 되었다. 정유공장 건설 등 자원 가공 능력 강화 역시 장기적 관점에서 산업구조의 안정성을 높이는 데 기여하였다.

박정희 대통령의 업적을 통해 현대사에서 우리는 중요한 전환점을 이해할 수 있다.

그의 경제발전 정책, 산업화 추진, 국가안보 강화에 기여한 리더십은 오늘날에도 다양한 평가와 논의의 대상이 되고 있다. 우리는 그의 업적과 논란을 균형 있게 바라보며 그 시대를 통해 얻은 교훈을 바탕으로 미래를 준비할 필요가 있다.

1960년대 초, 미국에서 차관 요청이 거절된 이후 박정희 정부는 독일로 건너가 광부와 간호사의 임금을 담보로 차관을 확보하였다. 이 차관은 이후 포항제철(현 포스코) 창립 자금으로 활용되었다. 당시 박정희 대통령은 독일 뒤스부르크 현장에서 광부와 간호사들을 향해 "광원 여러분, 간호사 여러분, 난 지금 몹시 부끄럽고 가슴이 아픕니다."로 시작하는 연설을 남겼으며 이를 기념해 현지에 박정희 공원이 조성되기도 했다.

개인적으로는 어린 시절 박정희 대통령의 생각과 업적을 깊이 이해하지 못했지만 사회생활을 하고 건설업에 종사하며 도로, 지하철, 공단 조성 등 산업 인프라 사업에 참여하고 퇴직한 이후, 그의 정책적 선택이 가지는 의미를 보다 현실적으로 이해할 수 있게 되었다.

박정희 대통령은 재임 당시 검소한 생활태도를 유지한 것으로 알려져 있다. 김재규의 총격으로 서거한 후 병원에서 확인된 그의 옷차림과 소지품은 매우 소박한 수준이었다. 또한, 군수 물자 구매 과정에서 리베이트를 거부하고 무기를 더 요청한 일화나 청와대에서도 에어컨을 손님이 있을 때만 사용한 사례 등은 근검절약을 실천한 모습으로 평가된다.

요즘 대통령과 그 부인들의 행동을 비교하면 그의 면면를 알 수 있을 것 같다.

그의 리더십 스타일은 목표를 정하고 실행에 옮길 때 단순한 지시와 통제 방식이 아니라 참여자들에게 동기를 부여하고 경쟁을 유도하는 방식이었다. 새마을운동을 통해 농촌의 환경 개선과 의식개혁을 추진한 것도 이러한 리더십의 일환이었다.

당시 새마을운동을 싱가포르의 리콴유 수상, 중국의 덩샤오핑, 러시아의 푸틴 대통령 등 외국 지도자들에게도 긍정적으로 평가되었으며 북한의 김정은도 과거 박정희의 경제정책을 성공적인 사례로 언급한 적이 있다.

한편, 박정희 정부에 대한 비판과 논란도 존재한다. 야당과 시민사회의 반대에도 불구하고 강력한 추진력을 발휘한 것은 긍정적으로 볼 수 있지만 권위주의적 통치와 인권 탄압 문제도 동시에 지적되고 있다. 필리핀과 같은 다른 나라들이 일본으로부터 받은 보상금을 경제개발이 아닌 다른 분야에 사용한 것과 비교해볼 때 박정희 정부의 개발 집중 정책은 한국 경제 성장의 중요한 기반이 되었던 점은 분명하다.

박정희 대통령에 대한 평가는 국내외에서 다르게 나타나고 있다. 중국 속담에 "성을 바로 보려면 성 밖에서 봐야 한다."는 말처럼 보다 넓은 시각에서 당시 상황을 바라보고 판단할 필요가 있다.

역사를 다룰 때는 감정에 치우치기보다 업적과 한계를 함께 살펴보는 균형 잡힌 접근이 필요하다. 박정희 시대를 평가하는 작업 역시, 미래 세대를 위해 냉정하고 성찰적인 자세로 이어가야 할 것이다.

일본대학생들의 박정희 관!
/장진성 교수

도쿄 신주쿠에 있는 한 한국 음식점에서 일본 대학생들과 장시간 대화를 나눌 기회가 있었다. 한국어에 능숙한 그들 덕분에 서로 깊이 있는 교감을 나눌 수 있었다. 국제외교정치를 전공하는 이들은 연세대와 고려대 유학 경험도 있었고 한국 현대사에 대해서도 많은 관심을 가지고 있었다.

대화 중 한국 역사에서 가장 존경할 만한 인물이 누구냐고 묻자, 이들은 망설임 없이 '박정희'라고 답했다. 예상치 못한 답변에 놀라움을 느꼈다. 그들은 박정희 대통령의 가장 큰 장점으로 '청렴함'을 꼽았다. 특히 서거 이후에도 개인 비자금이나 부정 자산이 발견되지 않은 점을 높이 평가했다.

또한, 일본이 과거 원조한 3억 달러를 박정희 정부가 국민 경제 개발에 투입한 사례를 들며 다른 나라와 비교해 긍정적으로 바라봤다. 일부 학생들은 박정희 정권을 '개발독재'라기보다는 '개발독선'이라는 표현으로 설명하기도 했다. 밀어붙이기식 정책에도 불구하고 결과적으로 산업화와 경제 성장을 이끌어낸 점에 주목한 것이다.

이들은 당시 청와대 생활의 소박함이나 개인 검소함과 관련된 다양한 일화를 알고 있었고, 대부분 '조갑제 닷컴' 등에서 관련 자료를 통해 공부했다고 했다. 이를 보며 한국 대학생들 사이에서도 박정희 시대를 보다 다양한 관점에서 읽고 해석하는 노력이 필요하다는 생각이 들었다.

또한, 이들은 박정희를 부정하는 일부 한국 사회의 분위기에 대해 아쉬움을 표현했다. 잘한 부분은 인정하고 비판할 부분은 따로 비판하는 것이 성숙한 역사 인식이라는 입장이었다.

광우병 촛불시위에 대해서도 한국 사회의 시위 문화에 대해 일본과 비교하는 시각을 보였다. 일본 사회는 남에게 폐를 끼치는 것을 경계하는 문화가 강한 반면, 한국 사회는 집단행동이 개인의 불편을 초래해도 쉽게 허용되는 점을 지적했다.

대화를 마무리하면서 한류 열풍에 관한 이야기도 나누었고, 저녁 식사는 각자 부담하는 '더치페이'로 끝맺었다.

필자의 생각

박정희 대통령에 대한 평가에는 여러 갈래의 시각이 존재한다. 국내 시각뿐만 아니라, 해외에서 바라본 시각을 참고하는 것도 균형 잡힌 이해에 도움이 될 것이다.

그 시대를 단순히 긍정하거나 부정하기보다는, 박정희 시대가 한국 사회에 미친 영향과 한계를 함께 돌아보고 냉정하게 평가해야 할 필요가 있다.

역사는 단편적 인식이나 감정이 아니라 다양한 기록과 증거를 통해 입체적으로 조명해야 한다. 그것이 앞으로 미래를 준비하는 데도 소중한 자산이 될 것이다.

현대건설 정주영 회장

정주영 현대그룹 명예회장은 1915년 강원도 통천군 답전면 아산리에서 6남 2녀 중 장남으로 태어났다. 아호 '아산(峨山)'은 출생지의 옛 지명에서 따온 것이다. 정주영의 최종 학력은 송전소학교(현 문경초등학교) 졸업으로 당시 4%만이 보통학교를 다니던 시절이었다.

공부는 잘했지만 학업이나 농사일에 흥미를 느끼지 못했던 그는 가출을 반복하며 일찌감치 사회에 발을 내디뎠다. 청진과 원산 지역에서 철도 공사판의 인부로 일하면서 세상을 배웠고 여러 차례 좌절을 겪으면서도 포기하지 않았다.

1940년대 초 경성에서 자동차 수리공장을 인수해 경영에 나섰으나 사업은 뜻대로 풀리지 않았다. 전쟁과 기업 정리령, 일제 패망 등 격변기를 거치며 어려움을 겪었지만 결국 1946년 초동 땅을 불하받아 현대자동차공업사를 창립했고 곧이어 현대토건사를 설립하여 건설업에 진출했다.

현대건설은 한국전쟁 이후 미군 공사 수주를 발판 삼아 빠르게 성장했다. 이후 자체 시멘트 생산을 위한 현대시멘트 설립, 해외 건설시장 진출, 울산조선소와 서산 간척사업 등 굵직한 프로젝트를 성공시키며 현대그룹을 이끌었다.

1970년대에는 미포만 해변에 울산조선소를 세우기 위해 거북선 그림을 들고 유럽을 돌며 차관 유치를 시도하는 등 과감한 행보를 보였다. 1971년 현대그룹을 정식으로 창립하고, 이후 중공업, 전자산업 등 다양한 분야로 사업을 확장했다.

기업 활동 외에도 아산사회복지사업재단, 현대고등학교 설립 등 사회공헌에도 힘썼으며 대한체육회장, 한·영 경제협력위원회, 한국·아랍친선협회 등을 이끌며 대외 활동도 활발히 전개했다. 1980년대에는 서울올림픽 유치 활동에도 깊이 관여했다.

정계에도 발을 들여 1992년 통일국민당을 창당하고 국회의원으로 활동했으며 대통령 선거에 출마하기도 했지만 큰 성과를 얻지는 못했다. 이후 경제인으로서 다시 활동을 이어갔고 1998년에는 대북 사업에 나서 금강산 관광 프로젝트를 추진했다. 통일 소떼 방북은 많은 이들에게 깊은 인상을 남긴 상징적인 사건이었다.

생전 그가 남긴 "해봤어?"라는 한 마디는 그의 도전 정신을 가장 잘 보여주는 어록으로 남아 있다. 실제로 그는 새로운 사업에 도전할 때마다 주저하기보다 '일단 해보고' 문제를 풀어가는 방식으로 많은 성과를 이끌어냈다.

바다를 메워 국토를 확장한 서해 간척사업, 자동차 산업의 기반이 된 포니 개발, 조선 산업의 토대를 만든 울산 조선소 등은 모두 그가 직접 발로 뛰어 이룬 결과였다.

정주영 회장은 2001년 3월 21일, 향년 87세로 별세했다. 단순한 사업가를 넘어, 그 시대를 관통하며 한국의 산업화와 경제 성장에 한

축을 담당했던 인물로 평가된다.

물론 그 과정에서 논란과 한계도 없지 않았지만 그의 도전 정신과 추진력은 오늘날에도 귀감이 되고 있다. 학벌이나 전공에 얽매이지 않고 끊임없이 배우고 도전했던 그의 삶은 지금을 살아가는 우리에게도 많은 시사점을 남긴다.

정주영 회장을 완벽하게 이해하기 위해서는 찬사나 비판 어느 한쪽에 치우치기보다, 그가 살았던 시대와 그의 선택을 있는 그대로 바라볼 필요가 있다. 그 정신을 본보기 삼아 우리 각자의 삶에서도 끊임없이 새로운 가능성을 향해 나아가야 할 것이다.

나라의 운명을 바꾼 생각들

1975년 여름 어느 날, 박정희 대통령은 현대건설의 정주영 회장을 청와대로 급히 불렀다.

"달러를 벌어들일 좋은 기회가 왔는데 일을 못하겠다는 작자들이 있습니다. 정 사장, 당장 중동에 다녀오십시오. 만약 정 사장도 어렵다고 하면, 나도 포기하겠소."

정주영 회장이 물었다.

"무슨 일입니까?"

박 대통령은 설명했다.

"1973년 석유파동 이후, 중동국가들이 달러를 주체하지 못하고 있습니다. 그 돈으로 사회 인프라를 건설하고 싶어 하지만, 너무 더운 나라라 선뜻 일하러 가려는 나라가 없습니다. 우리나라에 의사를 타진해왔는데 관리들을 보내보니 2주 만에 돌아와서는 '너무 더워 낮에는 일할 수 없고 물도 부족해 공사가 불가능하다.'고 보고해왔습니다."

정 회장은 주저하지 않았다.

"오늘 당장 떠나겠습니다."

5일 후, 정 주영 회장은 다시 청와대에 들어와 박 대통령을 만났다.

"지성이면 감천이라더니 하늘이 우리를 돕는 것 같습니다."

박 대통령이 물었다.

"무슨 말이오?"

정 회장이 답했다.

"중동은 세상에서 건설공사를 하기에 가장 좋은 지역입니다. 1년 내내 비가 오지 않으니 공사를 멈출 일이 없고 건설에 필요한 모래와 자갈이 현장에 널려 있어 자재 조달이 쉽습니다."

박 대통령이 다시 물었다.

"그럼, 물은?"

"멀리서 실어오면 됩니다."

"50도가 넘는 더위는?"

"천막을 치고 낮에는 자고 밤에 일하면 됩니다."

박 대통령은 비서실장을 불러 지시했다.

"현대건설이 중동에 나가는데 정부가 지원할 수 있는 건 모두 도와주시오."

정 회장 말대로 한국인들은 낮에는 쉬고 밤에 횃불을 들고 일을 했다. 세계는 놀랐다. 달러가 부족했던 그 시절, 30만 명의 한국 노동자들이 중동으로 몰려갔고, 보잉747 특별기를 통해 달러가 국내로 들어왔다. 사막의 횃불은 '긍정'의 횃불이었다. 긍정은 모든 것을 가능하게 만드는 힘이었다.

   (참고 : 인터넷 자료)

  이 짧은 일화는 생각 하나가 나라의 운명을 바꿀 수 있음을 보여준다. 세계적 금융 파동이 몰아닥친 오늘날, 우리 사회에도 '안 된다'고만 말하는 사람들이 많다.
  하지만 옛날에도 고속도로를 만들 때, 자동차도 없는 나라에 무슨 고속도로냐는 비난이 있었다. 현대자동차 공장을 허가할 때도, 돈도 기술도 없는 상황에서 불가능하다는 얘기가 많았다. 월남전에 파병할 때 역시, 자식을 전쟁터에 내모는 일이라며 거센 반대가 있었다. 그럼에도 우리는 모두 해냈다.
  지금도 어렵다고 포기할 이유는 없다. 된다고 생각해도 어려운 일이 세상이다. 하물며 시작도 하기 전에 안 된다고 하면 아무 것도 이룰 수 없다. 이 글을 읽으며 가슴이 먹먹했고, 눈물이 났다.
  나는 글을 직업으로 쓰는 문인이 아니다. 다만 내가 살아온 시간을 조명하고, 뒤따라오는 후배들에게 작은 정보라도 남길 수 있다면 그것으로 충분하다. 한때 나라의 위기를 극복한 이들의 발자취를 살펴보며 올바른 판단력을 갖추는 데 도움이 되었으면 한다.
  지금 우리가 처한 위기도 마음을 모으면 반드시 극복할 수 있다. 긍정의 힘, 도전하는 용기, 그리고 서로를 믿는 신뢰를 잊지 말자.

메르켈 독일총리

세계의 지도자 가운데 국민으로부터 가장 많은 사랑과 존경을 받은 인물 중 하나가 독일의 앙겔라 메르켈 총리라고 생각한다.

메르켈 총리가 퇴임하는 날, 독일 국민은 6분 동안 따뜻한 박수로 작별 인사를 전했다. 독일인들은 그녀를 선택했고, 그녀는 18년 동안 능력과 헌신으로 8천만 국민을 이끌었다.

그녀가 나라를 통치하는 동안 단 한 번의 법 위반이나 비리도 없었다. 어떤 친척도 지도부에 기용하지 않았고 권력을 사적으로 즐기거나 과시하지도 않았다. 배우자 역시 조용히 자신의 삶을 지켰다. 메르켈 총리는 언제나 겸손했고 꾸밈이 없었다. 그래서 사람들은 그녀를 '세계의 여인'이라 부르기도 했다.

메르켈은 당 지도부를 후임자에게 물려주고 조용히 자리에서 물러났다. 환송식도 거창한 행사도 없이 독일 국민들은 각자의 발코니에서 6분간 박수를 보냈다. 모든 것이 자발적이었다.

찬사나 위선, 화려한 퍼포먼스 없이 국민들의 진심이 모였다. 메르켈은 동독 출신이었지만 독일은 출신 지역을 넘어 하나로 뭉쳤다. 그녀는 화려한 패션이나 사치를 멀리했으며 부동산이나 고급 차량, 사치품을 소유하지 않았다. 마지막까지도 평범한 아파트에서 살았고 남편과 함께 청소하고 세탁하며 일상을 꾸렸다.

기자회견에서 한 기자가 물었다.

"왜 늘 같은 옷을 입습니까?"

그녀는 짧게 답했다.

"나는 모델이 아니라 공무원입니다."

또 다른 기자가 물었다.

"집안 일은 누가 합니까?"

그녀는 웃으며 답했다.

"남편과 함께 합니다. 저는 옷을 손질하고 남편은 세탁기를 돌립니다. 밤에 무료 전기가 나올 때 주로 합니다."

그리고 덧붙였다.

"정부의 성공과 실패에 대해 질문해주시기 바랍니다."

이런 그녀의 모습은 '정직하고 진실하며 자랑하지 않는' 지도자의 전형을 보여주었다.

2022년 3월 9일, 대한민국은 제20대 대통령을 선출했다. 그러나 2025년 4월 4일, 임기를 채우지 못한 채 중도 하차하는 불명예를 기록했다. 부끄러운 일이다. 최근 수십 년 동안 대한민국 대통령 중 여섯 명이 교도소를 다녀왔다. 대통령직을 수행한 후에도 형사처벌을 받는 사례가 반복되면서 국민들은 '대통령의 임기는 감옥까지.'라는 씁쓸한 농담을 하게 되었다.

이제는 달라져야 한다. 대통령도, 국민도, 각자의 자리에서 본분을 다해야 한다. 대통령은 국민을 위하고, 국민은 대통령을 신뢰할 수 있어야 한다. 그리고 공정과 정의를 남용하거나 왜곡하는 일이 다시는 반복되지 않아야 한다.

우리는 더 이상, 데모를 정치 입문의 도구로 삼거나 결과를 두고 정쟁만 벌이는 세상을 원하지 않는다. 미래를 이야기하고, 희망을 품을 수 있는 지도자가 필요하다.

하지만 현실은 쉽지 않다. 많은 박수와 기대 속에 취임했던 대통령이 남긴 것은 실망뿐이었다. 북한은 ICBM을 발사하고 있는데 우리는 서로를 향해 '세 치 혀'만을 겨누고 있는 듯하다.

메르켈 총리와 같은 지도자의 이야기를 듣고 배우는 사람이 과연 얼마나 될까?

대한민국에도 언젠가는 권력을 권력 자체가 아니라 국민을 위해 사용하는 지도자가 나오기를 기대해본다. 대통령은 대통령답게, 국민은 국민답게, 아버지는 아버지답게, 자식은 자식답게 살아가는 시대가 다가오기를 간절히 바란다.

타게 엘란데르 스웨덴 총리

스웨덴은 1인당 국민소득이 5만 달러를 넘고 세계 최고의 복지국가로 손꼽히는 나라다. 국민 행복지수와 국가청렴도 지수에서도 늘 최상위를 유지하고 있다. 그러나 약 80여 년 전만 해도 스웨덴은 가난과 실업, 빈부격차, 좌우 갈등, 극심한 노사 분쟁 등으로 절망의 나라였다. 당시 노동손실 일수는 세계에서 가장 높았다.

이 절망의 땅을 모두가 부러워하는 나라로 바꿔낸 데에는 한 사람, '타게 엘란데르' 총리가 있었다.

1946년, 45세의 나이로 총리가 된 타게 엘란데르는 23년 동안 11번의 선거를 모두 승리로 이끌었다. 마지막 선거에서는 스웨덴 역사상 처음으로 과반을 넘는 득표율을 기록한 후, 스스로 후계자에게 자리를 물려주고 떠났다. 민주주의 국가에서 20여 년 동안 국민의 신뢰를 얻은 것은 이례적인 일이었다.

청년 시절 급진 좌파 활동을 했던 그는 총리 취임 당시 왕과 국민들의 우려를 샀다. 특히 경제계의 반발은 거셌다. 그러나 그는 취임 이후 야당 인사를 내각에 기용하고 경영자들과 손을 잡고 노조 대표들과 함께 대화를 통해 문제를 풀어나갔다. 그의 대화정치를 상징하는 것이 바로 '목요회의'였다. 매주 목요일, 정·재계와 노조 인사들을 총리 별장으로 초대해 저녁 식사를 함께하며 허심탄회한 대화를 나누었다. 상대방의 의견을 경청하고 문제를 함께 풀어가려는 진정성 덕분에 '목요회의'는 보여 주기식 만남이 아닌 실질적 소통의 장이 되었다.

스웨덴이 세계 최고의 복지국가로 성장할 수 있었던 것도 이 같은 대화 정치 덕분이었다.

스톡홀름 남쪽 린셰핑이라는 작은 도시에 타게 엘란데르의 아들 부부가 살고 있다. 아들은 대학 총장을 지낸 뒤 아버지의 삶을 담은 책을 펴냈다. 아들 부부는 부모님 이야기를 들려주면서 때때로 감정이 북받쳐 눈시울을 붉혔다.

엘란데르는 총리 재임 시절에도 검소했다. 20년 넘은 외투를 입고 구두 밑창을 갈아가며 오래 신었다. 부인 역시 고등학교 화학교사로 일하며 소박한 삶을 살았다. 국회 개원식에 참석할 때마다 입었던 옷은 단 한 벌이었다고 한다.

총리 관저 대신, 서민을 위해 지은 임대 아파트에 월세를 내고 살았고 출퇴근도 부인이 직접 운전하는 차를 이용했다. 퇴임 후에는 따로 살 집조차 없어 당원들이 모금해 마련한 작은 시골집에서 16년을 보냈다. 오히려 퇴임 후에는 지지자보다 반대자들이 그를 더 많이 찾아왔다.

특히 부인 아이나 안데르손의 일화는 인상 깊다. 퇴임 후, 부인은 정부 부처를 찾아가 총리 시절 사용했던 볼펜들을 돌려주었다. "남편이 총리직을 내려놓았으니 정부 물품은 돌려드려야 한다."고 말했다.

 타게 엘란데르는 떠났지만 국민을 위한 그의 헌신은 지금도 스웨덴 정치의 교과서로 남아 있다. 스웨덴을 세계에서 가장 행복한 나라로 만든 원동력이 된 것이다.

 '타게 엘란데르'와 같은 지도자가 있었다. 박정희 대통령이다. 그는 개발도상국이었던 우리나라를 경제성장의 길로 이끌었다. 그러나 이제는 산업화 시대를 넘어 성숙한 복지국가를 완성할 지도자가 필요하다.

 그동안 우리나라 정치권에는 주로 법조계 출신들이 진출해 왔다. 이들은 과거를 판결하는데 익숙했지만 미래를 설계하는 데는 한계를 보였다. 결과를 따지는 것만으로는 새로운 세상을 열 수 없다.

 이제 우리는 과거가 아니라 미래를 내다볼 수 있는 지도자를 만나야 한다. 국민을 진심으로 생각하고, 겸손과 소통으로 나라를 이끌어갈 지도자가 우리 앞에 나타나기를 기대한다.

출처/인터넷 참조

레오나르도 다빈치

　르네상스 시대를 대표하는 인물, 레오나르도 다빈치는 세상을 살아가며 자신의 재능을 유감없이 발휘한 사람이다. 인류 역사상 그처럼 다양한 분야를 섭렵하고 인정받은 인물은 드물 것 같다. 만약 오늘날 그의 업적을 평가한다면, 무려 32개의 박사 학위를 받을 수 있을 것이라고 한다.
　놀라운 것은 그의 업적이 단순히 남의 연구를 인용하거나 따라 한 것이 아니라, 직접 실험하고 고민하며 얻은 결과라는 점이다. 다빈치가 걸어간 영역은 미술, 과학, 해부학, 공학 등 이루 다 헤아릴 수 없을 만큼 광범위하다. 그의 업적을 인터넷에서 검색해보면 입이 다물어지지 않을 것이다.
　그렇다면 그는 태어날 때부터 특별한 재능을 타고난 사람이었을까? 세상에는 자신의 재능을 발견하지 못한 채 생을 마감하는 이들이 얼마나 많은가.
　레오나르도 다빈치는 철없는 젊은 아버지의 아들로 태어났다. 당시 이탈리아 사회에서는 19세가 되면 부모와 함께 사는 것이 오히려 평판을 해치는 일이었다. 젊은이들은 독립하여 살아야 했고 수입이 변변치 않은 경우 친구들과 방을 얻어 자취하거나 이성과 동거하는 일도 흔했다. 다빈치도 그런 환경에서 태어났다.

그의 부모는 이내 헤어졌고, 아버지는 어린 다빈치를 시골에 있는 할아버지에게 맡겼다. 당시나 지금이나 홀로 아이를 키우는 일은 쉽지 않았기에 내린 선택이었다.

시골 목장에서 다빈치는 새로운 세상을 만났다. 할아버지는 농장 일을 스스로 손보며 살아가는 사람이었고, 어린 다빈치는 자연스럽게 그 곁에서 손발이 되어 움직였다. 고장이 나면 고치고 부족하면 만들어 쓰는 삶. 다빈치는 그런 경험을 통해 불편함을 개선하는 '발명'의 감각을 키워나갔다.

할아버지의 사랑과 칭찬은 소년의 호기심에 불을 지폈고 소년은 자연 속에서 세상을 배웠다. 그는 그렇게 자라나 세계가 인정하는 천재가 되었다. 할아버지가 손자를 특별히 키우려 했던 것은 아니었을 것이다. 그러나 유년 시절의 경험은 그의 평생을 결정지었다.

어릴 때 겪은 세상은 인생 전체를 좌우한다. 그래서 창의성과 삶의 이치를 자연스럽게 배울 수 있는 어린 시절의 경험이 무엇보다 중요하다. 그러나 오늘날 우리 사회는 창의성보다는 정형화된 공부에만 매달리고 있다.

내가 회사에서 신입사원을 뽑을 때 같은 조건이면 시골 출신을 선호했던 것도 이런 이유였다. 열악한 환경에서 배운 공부는 성실함과 다양한 사고방식을 키운다. 실제로 살아보니 창의적이고 일 잘하는 사람은 대개 시골 출신이었다. 서울 출신 중에서는 자신의 생계만 겨우 해결하는 경우가 많았다.

생각해보면 우리나라 역대 대통령 중에서도 서울 출신은 드물다. 어릴 때 겪은 경험이 평생을 좌우한다면 자연 속에서 세상의 이치를 배우는 것이 얼마나 중요한지 다시 느끼게 된다.

오늘 밤, 눈이 많이 내린다고 한다. 문득 고향집 지붕 위에 소복이 쌓였던 하얀 눈이 그리워진다.

해리 리버 맨(Harry Lieberman)

해리 리버맨(Harry Lieberman, 1880~1983)은 폴란드에서 태어나 랍비 교육을 받았다. 그러나 당시의 사회·경제적 불안 속에서 그는 29세에 미국으로 이주했다. 이민 초기에는 직물업계에서 일했고 이후 아내와 함께 제과 도매업을 하며 미국에서 안정적으로 정착했다.

은퇴 후 리버맨은 노인복지관 같은 시니어 클럽에서 체스를 두며 무료한 시간을 보냈다. 그러던 어느 날, 함께 체스를 두던 친구가 몸이 불편해 나오지 못한다는 소식을 들었다. 실망한 그의 표정을 본 관리 여직원이 다가와 말했다.

"할아버지, 그냥 앉아 계시기보다는 그림을 그려보시는 게 어때요?"

"내가 그림을? 나는 붓 잡을 줄도 모르는데…."

"그야 배우면 되지요."

"그러기엔 너무 늦었어. 나는 이미 일흔이 넘었는걸."

"제가 보기엔 연세가 문제가 아니라, 할 수 없다고 생각하는 마음이 문제인 것 같아요."

그 젊은이의 말은 리버맨의 마음을 움직였고 그는 처음으로 화실을 찾았다.

시니어 클럽의 화실에서 그림을 배우기 시작했지만 지도교사인 래리 리버스(Larry Rivers)는 리버맨의 작품에 대해 아무런 지적도 하지 않았다. 서운한 마음에 항의하자, 교사는 정색하며 말했다.

"당신은 이미 당신만의 방식으로 잘 하고 있습니다."

리버맨에게는 천부적인 재능이 있었다. 그는 그림을 생각보다 쉽게 받아들였고 오히려 오랜 삶의 경험이 녹아든 성숙한 작품을 탄생시킬 수 있었다.

81세가 되면서 그는 본격적으로 그림을 공부했다. 10주간의 교육 과정을 마친 후, 그의 재능은 더욱 빛을 발했다. 그의 그림은 어린 시절 폴란드 고향의 기억, 유대인의 서민 생활, 하시디즘(Hasidism), 구약성서 등을 주제로 했다. 이는 한 때 랍비를 꿈꾸었던 그의 잠재의식이 발현된 결과이기도 했다.

평론가들은 그를 "원시의 눈을 가진 미국의 샤갈"이라고 극찬했다. 그의 그림은 큰 인기를 끌며 많은 이들에게 사랑받았다.

한 번 불붙은 미술에 대한 그의 열정은 식을 줄 몰랐다. 리버맨은 이렇게 말했다.

"몇 년이나 더 살 수 있을까를 생각하지 말고 내가 앞으로 무엇을 할 수 있을지를 생각하세요. 무언가 할 일이 있다는 것, 그것이 바로 삶입니다."

1977년, 101세가 된 그는 로스앤젤레스의 유명 전시관에서 개인전을 열었다. 400여 명의 내빈을 전시실 입구에서 꼿꼿이 서서 맞이하는 그의 모습은 모두에게 깊은 인상을 남겼다. 강렬한 원색으로 현실과 이상을 넘나드는 그의 작품 앞에서 사람들은 감탄을 금치 못했다.

그는 또 이렇게 말했다.

"나는 백한 살이라고 말하지 않겠습니다. 다만, 101년 동안 성숙해 왔다고 할 뿐입니다. 성숙은 나이와 함께 오는 것입니다."

해리 리버맨의 작품은 뉴욕의 Museum of American Folk Art, Jewish Museum, 워싱턴 D.C의 Hirshhorn Museum 등 많은 미술관에 영구 소장되어 있다.

나이를 먹는 것은 자연스러운 섭리다. 늙어서 못하는 것이 아니라, 용기가 없어서 못하는 것일 뿐이다. 미켈란젤로는 90세에 시스티나 성당 천장화를 그렸고, 베르디는 80세에 오페라를 작곡했으며 괴테는 82세에 대작을 완성했다.

지금, 당신은 몇 살인가? 해리 리버맨은 97세 때 이렇게 말했다.

"나는 그림 그리기가 내 삶에서 가장 중요한 작업이라고 생각합니다. 나는 죽은 후의 삶을 믿지 않습니다. 내가 죽은 후에도 내 그림이 남아 사람들에게 기쁨을 줄 수 있다면 지금 이 삶 자체가 하늘의 보상이라고 생각합니다."

그는 103세까지 살다가 1983년, 노스 쇼어 대학병원에서 삶을 마감했다.

많은 이들이 새로운 삶을 꿈꾸지만 막상 새로운 일을 시작하는 것을 두려워한다. 그러나 '늦었다'고 생각하는 그때가 가장 빠를 때이며 아무리 늦게 시작해도 시작하지 않는 것보다는 낫다.

살면서 우리가 하지 못하는 이유는 능력이 부족해서가 아니라 '할 수 있다'는 용기가 부족하기 때문이다. 남보다 늦게 출발하려면 더 큰 용기가 필요하다. 새롭게 시작하는 일이 어렵다는 건 당연한 일이다. 그러나 용기 있는 사람에게만 새로운 성공이 찾아온다.

아무리 세상이 변하고 인공지능이 인간의 일을 대신한다 해도 모든 결정은 결국 인간의 몫이다. 진심으로 몰입해 살아간다면 늙을 시간조차 없다.

나 역시 학창 시절 미술과 음악, 영어가 가장 어려운 과목이었다. 하지만 포기하지 않고 인물화에 도전했다. 이제는 77세에 '7가지 전(展)'을 열어보는 것이 목표다. 다섯 종목은 이미 만 시간을 넘게 투자했고 두 종목도 7천 시간 이상 노력했다. 반쯤 미친 듯이 몰두하며 살다 보니 인생이 훨씬 즐거워졌다.

비록 해리 리버맨처럼 유명해지지는 못했지만 나 역시 노년을 즐겁고 바쁘게 보내며 지금 이 삶을 천국처럼 느끼고 있다.

승 교수

내가 승 교수를 처음 만난 것은 2005년, 따뜻한 사람들이 모이는 '온동마을' 모임에서였다. 그는 생태건축학을 전공하는 대학교 교수로 소개되었지만, 첫 인상은 교수라기보다 다정한 이웃집 아저씨 같았다. 넓은 이마와 비범한 눈썹, 그리고 19살 청년처럼 순진하고 환한 웃음, 구수한 충청도 말씨까지 처음 대면했을 때부터 사람을 편하게 하는 분이었다.

그러나 시간이 지나며 승 교수의 끊임없는 도전 정신을 알게 되자, 나는 깊은 존경심을 갖게 되었다. 그는 공주교육대학을 졸업한 후 대전의 초등학교에서 교편을 잡았다. 이후 그림 공부를 위해 대학에 진학하여 중등 미술교사 자격을 얻고 중학교와 고등학교에서 미술을 가르쳤다. 그러던 중 다시 한양대학교 건축공학과에 입학해 이공학사를 취득하고 이어 홍익대학교 대학원에서는 미술학 석사, 한양대학교 대학원에서는 건축공학 박사 학위를 받았다. 그야말로 입이 벌어질 정도로 다양한 경력을 쌓은 분이었다.

모임이 한창 무르익던 어느 날, 숭 교수는 자리에서 일어나 말했다.

"저는 어려서부터 음치라 노래 부르는 것이 꿈이었습니다. 19년 동안 음악 선생님을 찾아다니며 배우고 연습해 이제는 노래를 부를 수 있게 되어 참 행복합니다."

그가 부른 가곡 '희망의 나라'와 오페라 아리아는 전문가 못지않은 실력을 뽐냈다. 맑고 곱게 울리는 고음은 듣는 이의 가슴을 울릴 만큼 인상적이었다.

그 후 여러 모임을 함께 하며 나는 숭 교수의 인품과 열정을 더욱 깊이 알게 되었다. 정년을 2년 남겨두고 그는 자신이 걸어온 길을 돌아보며 특별한 예술 발표회를 기획했다. 다섯 가지 분야를 한자리에서 펼친 '이시웅 교수의 다섯 가지 예술 발표회'였다.

첫째, 사랑을 주제로 한 생태건축 작품 전시회,
둘째, 국전 입선작과 최근 작품을 모은 유화 개인전,
셋째, 한국 고궁과 서양 건축물의 아름다움을 담은 건축사진 작품전,
넷째, 두 번째 수필집 『별이 빛나는 아름다운 이 밤에』 출간,
다섯째, 독창회와 지인들의 축하 무대가 어우러진 음악회.

이 다섯 가지를 대전 연정국악원 강당과 전시실에서 9월 17일부터 19일까지 펼쳤다.

보통 사람이라면 한 가지 이룬 것도 대단할 터인데, 숭 교수는 다섯 가지를 한꺼번에 이뤄냈다. 그는 타고난 재능이 아니라 땀과 노력

으로 이 모든 것을 이뤄낸 사람이었다. "1%의 재능과 99%의 노력으로 산다"고 말하는 그의 신념은 그 삶 자체로 증명되고 있었다.

그림을 공부할 때는 미국 시카고 미술관을 아홉 번이나 찾아가 후기인상파 화가들의 작품을 눈으로 익히고 기억해왔다. 성악을 배우겠다고 새벽마다 산에 올라 연습하다 주민들의 신고로 파출소에 가기도 했고 아들의 고3 수험생활에도 불구하고 방에 방음 시설을 설치하고 노래 연습을 멈추지 않았다. 결국 그는 성악을 전공해 성악가 자격을 얻고 2003년에는 대전 시민회관에서 연미복을 입고 독창회를 여는 꿈을 이뤘다.

생태건축을 몸소 실천하기 위해 집 안에 일곱 마리의 뱀을 길렀고 이름까지 지어주며 가족처럼 지냈다.

공주 반포면에 친환경 주택을 지어 계룡산 천왕봉을 바라보며 생활하다 돌아가셨다.

슝 교수는 말했다.

"이번 다섯 가지 예술 발표회는 제 인생의 중간 발표회입니다. 이후에는 몸 가꾸기에 도전할 것입니다. 10년 후 시니어 대회에 입상하는 모습을 보여드리겠습니다."

그는 하루 4시간 이상 수련해야 하는 보디빌딩에도 도전할 것이라며 70세를 바라보는 나이에도 강한 자신감을 내비쳤다. 끊임없는 도전과 성취, 그것이 슝 교수 삶의 본질이었다.

나 역시 그 모습을 본받아 퇴임 후 색소폰 연주를 시작했고, 이번 발표회에서 축하 공연으로 무대에 설 수 있었다. 인간 승리라는 말이 어색하지 않은 시간이었다.

숭 교수는 66세에 폐암으로 세상을 떠났다. 그러나 마지막까지 자신의 시신을 의과대학에 기증하며 삶의 마지막 순간까지 남을 위한 길을 택했다.

그가 남긴 것은 다섯 가지 발표회만이 아니었다. 삶을 대하는 자세, 끊임없는 도전, 그리고 묵묵히 살아가는 힘. 숭 교수는 이제 우리 곁에 없지만 그의 정신은 오늘도 내 마음속에서 빛나고 있다.

살아온 길

■학력

오성국민학교 1963년 졸업/3회
서천중학교 1965년 졸업/17회
공주고등학교 1968년 졸업/17회, 연41회
충남대학교 농대 농공과 1972년 졸업/17회

■걸어온 길

1. 홍성건설사업소 근무/지방공무원
    천안시 아산군 예산군 당진군 서산군 보령군 지방도 도로유지보수 담당
2. 안인 영동화력 2호기 증설자재 운반로 공사
    묵호- 안인간 중량품 350Ton 외 10개 운송에 따른 도로 보강공사
3. 원효대교 가설공사/디비닥공법
4. 부산지하철 1-2공구/서면역/대현지하상가
5. 부산지하철 1-3공구/부전동역/부전동지하상가
6. 반선-천은사 도로 개량공사/지리산
7. 부산지하철 3-0공구/괴정역/TBM Ø7m

8. 주암댐 도수터널공사 / 장대터널10Km / TBM Ø4.5m
9. 민락동 공유수면 매립공사
10. 서울 지하철 7-8공구 / 태능역
11. 해운대 신시가지 송정터널공사 / TBM
12. 국도32호선 신평-영인 도로 개량공사
13. 계룡건설 토목본부장으로 은퇴 / 30년

■ 은퇴 후 20년

1. 색소폰 / 멋진색소폰. 코리아색소폰, 월드색소폰. 보보스 색소폰 앙상블 / 20년
2. 서각 / 한밭 목향서각 / 대전시 서각 초대작가
3. 생활공예 / 공병호 생활공예
4. 수필 / 삶의 시방서.소똥위에 홍시. 그려. 살아보니 어뗘. 하고집이. 희안한 수상록.
5. 시 / 삽질인생
6. 밥로스
7. 인물화
8. 77세에 7가지 展 / KBS갤러리 / 2026. 5 준비 중

희안한 수상록
ⓒ김기태, 2025

발행일 2025년 11월 20일 초판 1쇄 펴냄
지은이 김기태
펴낸이 이영옥
펴낸곳 도서출판 이든북
출판등록 제2001-000003호
주　　소 (34625) 대전광역시 동구 중앙로193번길 73
대표전화 042-222-2536
팩시밀리 042-222-2530
전자우편 eden-book@daum.net
공 급 처 한국출판협동조합
　　　　　(전화)02-716-5616　(031)944-8234~6

ISBN 979-11-6701-379-8
값 15,000원

*이 책 내용과 사진 전부 또는 일부를 재사용하려면 반드시 지은이와 이든북 양측의 동의를 받아야 합니다.

*본 도서는 충청남도　충남문화관광재단 의 후원으로 발간되었습니다.